自家菜園のあるレストラン

中島茂信

コモンズ

はじめに

自家菜園産だからといって、必ずしもうまい野菜だとは限らない。餅は餅屋。専業農家が作った野菜のほうが、はるかにおいしいかもしれない。

だが、暑い日も寒い日も雨の日も風の日も、手作りの肥料で、わが子のように手塩にかけて育てた野菜をどう料理するとより昇華させられるのか。それをいちばん理解しているのは、生産者でもある料理人であることは間違いない。種や苗のときから育てているからこそ、その野菜の旬をよく知っている。しかも、使いたい大きさのときに収穫できるのも自家菜園のあるレストランの強みだ。

とはいえ、客商売が本業の人が、〝兼業農家〟になるのは至難の技に違いない。なぜなら、昼も営業しているレストランの場合、午前中に仕込みをしなければならず、それには朝いちばんで野菜を収穫する必要があるからだ。それと平行して、数カ月後、半年後に収穫する野菜のために畝を作り、種を播き、苗を植えなければならない。無農薬栽培の場合、害虫を退治するという大切な仕事もある。

飯田博之さん(オステリア ジョイアのオーナーソムリエ)と初めて会ったのは、彼がまだリストランテの雇われ支配人兼ソムリエだったときのことだ。飯田さんはいまと同じ畑で、いまと同じように地下足袋姿で、朝早くからひとりで野菜の世話をし、収穫した野菜を店に運んでいた。

「従業員が大勢いるのに、なぜ畑仕事を手伝わせないのか」と飯田さんに尋ねた。

「従業員にやらせたら、疲れて仕事になりません。自分の身体をいじめているつもりはありません。畑仕事が愉しくてしかたがないんです」

そう言って、飯田さんは目を細めた。

飯田さんに限らず、本書に登場する人たちは、嬉々として農作業に取り組んでいた。誰がどこでどのように栽培し、いつ収穫したのか履歴がわからない野菜ではなく、汗水たらして自分で育て、今朝畑から採ってきたばかりの野菜なら、自信をもって客に食べてもらえる。無農薬栽培の場合、より安心で安全な料理を提供できるという自負も加わる。

電話一本で野菜を注文できるのに、なぜ野菜を育てるのか。料理を作る大切な手を、土まみれにしてまでなぜ鍬を握るのか。楽をしようと思えばいくらでもできる。でも、なぜしないのか。

農夫(農婦)として、料理人としての矜持が、自家菜園のあるレストランを続ける原動力になっているのである。

そんな彼らが育てた野菜で作った料理がうまくないはずがない、と思う。

CONTENTS

デザイン／月乃 南

青首大根や山東菜、聖護院蕪、ナメコなどが盛られた冬に供される川波の八寸。

ミシュランも星をつけた「土の料理人」の日本料理店

日本料理 川波　奈良県奈良市

4000坪の農地で四季折々の野菜を栽培するかたわら、
米もキノコもすべて料理人の主《あるじ》が育てている。堆肥も自家製。
馬糞に油粕などを混ぜて発酵させた堆肥で野菜を栽培している。
午前中に収穫した、まだ瑞々しい野菜を使った八寸や
サラダ、煮物、鍋がこの店の看板料理だ。
ご飯と一緒に供する味噌汁の味噌や柚子胡椒《ゆずこしょう》も主の手作り。
「できるかぎり自分で作ったものを提供したい」という思いから、
器も自作するようになった。「土の料理人」を自負する主の、
野菜に対する深い思いをお伝えする。

点在する農地を毎朝軽トラで回り旬の野菜を収穫する

2011年10月中旬の朝10時。軽トラックを運転中、奥田眞明《まさあき》さんの携帯が鳴った。

「ミシュランガイドの事務局からでした。うちとこが1つ星をとったので、その記念式典に出席してほしいっていうんですわ。せやけど、毎日わしひとりで畑の世話をしとるんで、まことに申し訳ございませんが、うかがえませんとお断りさせてもらいました」

助手席に座っていた筆者は、思わず吹き出してしまった。

フランス本国はもちろんこの国でも、ミシュランの星の数で一喜一憂する料理人が大半だ。なぜなら、星の数で客足が伸びたり減ったりするからだ。けれど、なかには、奥田さんのように世俗的でないというか、我関せずの料理人もいることに驚かされた。

「日本料理川波」(奈良市)の当主・奥田さん(1960年生まれ)は、奈良県生駒《いこま》市郊外に点在する4000坪の農地で野菜のほか、キノコ(シイタケ、ナメコ、ヒラタケなど8種類)、山菜(ウドやコゴミなど10種類以上)、果実(カボス、柚子、栗)を育てている。

自称「土の料理人」は、この日も朝早くからトレーナーに長靴姿で畑仕事に従事していた。自宅からもっとも近い畑は車で25分。いちばん遠いところは山の頂上にある山菜専用の畑で、車で50分。軽トラックで畑から畑へと移動し、川波の料理を食べてもらうために野菜の種を播き、旬の食材を黙々と収穫していた。

「現在食料自給率は95%ぐらいですわ。秋口の大根やネギ、沢ワサビ、生姜などは、買うてきます。

(左)2月上旬に収穫した野菜。冬場は、聖護院蕪やアヤメユキカブ、赤大根などの根菜類が川波の主役となる。
(右)「買ってきた野菜を調理するよりも、自分で育てて苦労したほうが、おいしいような気がしますわ」と奥田眞明さんは語る。手にしているのはキャベツの巨大品種・札幌大球。

生姜を大きくするには3年育てなければならないらしいんやけど、その栽培法がまだようわかりませんのや。生姜は難しいんですわ」

午前中に収穫した野菜は、畑の隣にある納屋で土や泥を洗い流す。葉っぱは切り落とさず、そのままケースに入れて、夕方軽トラックで店に運ぶ。鮮度がいいので、奥田さんが料理する野菜はどれも瑞々しく、野趣あふれる味を堪能させてくれる。

土瓶蒸しのふたを開けた瞬間、馥郁《ふくいく》たる香りに思わずむせてしまった。「松茸はどこでもある」という理由で使っていない。にもかかわらず、自家栽培のヒラタケやクリタケ、シイタケ、シメジを使った土瓶蒸しは目眩《くら》む思いだった。川波の土瓶蒸しは、松茸を凌駕していると断言できる。

精進料理の野菜に感動
それがきっかけで
野菜を作ろうと決意

奥田さんは、小学校4年のときから包丁を握りはじめた。

「勉強が嫌いやって、中学3年のとき進路指導の先生からも友達からも『料理人なったらどうや』って勧められたんですわ。そのころ料亭が舞台のドラマ『前略おふくろ様』を観て、料理人はかっこええなあと憧れていたので、中学卒業後、地元の調理師学校に入学しました」

1年後、奈良の老舗旅館「菊水楼」に入店。8年間住み込みで研《けん》鑽《さん》を積み、24歳で独立。1984年に、『前略おふくろ様』に登場した料亭「川波」の名を暖簾《のれん》に掲げた。

「当初うちとこの売り物は生簀料理でした。奈良には海がないんで、鮮魚を扱うことにしたんです

(左) ブロッコリーやアヤメユキカブなどが盛られたサラダ。タマネギをたっぷりと使ったドレッシングも自家製。
(右) 午前中に収穫した野菜を自らコンテナに積み込み、夕方軽トラックで店に搬入する。まだ葉っぱがついた、新鮮な野菜を流水で洗ってから、さまざまな料理を作ってくれる。

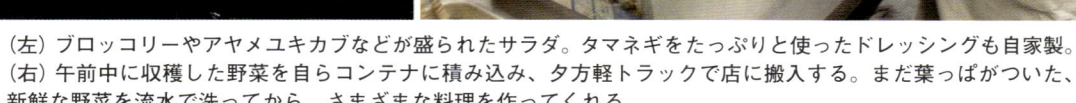

わ。その後、地酒や焼酎ブームといった時代の流れを取り入れつつ、お客さんを飽きさせない店づくりをしてきました。せやけど、まさか自分で野菜を作ることになるとは思いませんでしたわ」

　野菜作りを始めたきっかけは、おでんだった。

「1995年ごろ、精進料理で知られる月心寺さん（滋賀県大津市）で食事をする機会がありました。庵主の村瀬明道尼さんが作られた精進料理をいただいたんですが、そのとき野菜がおいしいことに初めて気づいたんですわ。そのころ、駅前（近鉄奈良線新大宮駅）に創作おでんの店を始める計画を進めていました。そこで自家製豆腐と大根のおでんを食べてもらおうと思い、大豆や大根を育てることにしたんですわ」

　農業は未経験だったが、兼業農家だった父が耕していた200坪の畑に大豆や大根などの種を播いた。天然にがりと自家菜園製大豆を使った手作り豆腐が好評だったことから、徐々に野菜の種類を増やしていった。

「多いときで500種類育てていた時期もあります。珍しい野菜を出すと喜んでもらえましたが、珍しいだけではすぐに飽きられます。スーパーにあるような一般的な野菜がいちばん喜んでもらえることに気づきました。食べ慣れた野菜でもいつもよりもおいしければ、お客さんは十分感動してくれるんですわ」

　堆肥は近所の乗馬クラブでもらってくる馬糞を使っている。これに油粕や地元の酒蔵で分けてもらう酒粕を混ぜて3カ月寝かせ、発酵させて作った堆肥を畑に撒く。

　年間を通して野菜を作っているため、畑を休ませる暇がない。地力を補う目的で、窒素やリン酸、

（左）奥田さんの野菜作りは、自家製豆腐と大根のおでんを出したいという気持ちから始まった。その「おでん分田上《わけたがみ》」のおでん。現在は弟子のひとりに任せている。
（右）聖護院大根、春菊、油揚げを使った鍋。油揚げは買ってきたものだが、柚子胡椒は手作り。

カリウムなどを使うほか、お茶屋でもらってくる売れ残りの茶葉を畑にすき込んでいる。

「茶葉や馬糞を入れると、土がふわふわになるんですわ」

野菜を作りはじめた最初の3年間は無農薬だった。福岡農法、永田農法、EM菌など、有名な農法をいろいろと試してみたが、虫には勝てなかった。

「土がようなると、虫もわきます。ネギのように無農薬で栽培できる野菜もありますが、農薬をかけないと育てられない野菜もたくさんあるんですわ。隣の農家は無農薬栽培をしていますけど、それでは野菜の種類が限定されます。白菜やキャベツにネットをかけるとモンシロチョウの幼虫は防げますが、下から来るヨトウムシやネキリムシには対応できません。葉が虫に食われると光合成ができず、成長が止まってしまいます。最低でも一度か二度農薬をかけんと、うちとこのように多品種の野菜を栽培できないんですわ」

後輩に野菜作りと味噌造りを教えるため協同作業を始めた

ひとりで野菜作りを続けていた奥田さんに、2003年に仲間ができた。大阪府寝屋川市で焼鳥屋を営む久保田有さんが野菜作りに参加したのである。

「店の定休日に偶然畑の前を通ったんです。その日に採れた野菜をもらって帰り、食べてみたら、うまかったんですよ。奥田さんが育てた野菜に惹かれ、何度か通うようになったとき、『一緒に畑をやらへんか』と誘われました」(久保田さん)

ふたりは荒れていた竹やぶを開墾し、切り出したほだ木を運んだ。

(左) 奥田さんは仲間と一緒にナメコのほか、計8種類のキノコを広大な竹やぶで栽培している。
(右) 野菜作りの仲間。奥田さんに続き、居酒屋の五味真次さん、日本料理店の奥野大造さん、焼鳥屋の久保田有さん。

キノコの原木栽培を始めたのだ。

　その後、居酒屋（寝屋川市）と日本料理店（奈良市）の当主も、畑仲間に加わった。

「うちとこは従業員にランチを任せているんで、畑に来れます。わしは毎日朝から昼まで畑に来れます。せやけど、皆は朝方まで営業していたり、ひとりでランチをやっているので、午後から畑に来たり、週に数回しか農作業に参加できません。わしが収穫する量がいちばん多いんで、野菜の種代もキノコの菌代も肥料代も、全部わしが払てます。労力を提供してもらう代わりに、必要な分だけ自由に収穫してもろうとるんですわ」

　けれど、公平を期すために、あとから来る仲間用に野菜やキノコを残しておくのが、暗黙の了解になっている。

　仲間を得たことで徐々に農地（借地）を拡大していった。その借地代も、皆から「大将」の名で親しまれてきた奥田さんが払っている。

　2008年からは稲作も始めた。休耕田（約1200坪）を借り、半分で米を作り、もう半分でレンコンやクワイなどを育てることにしたのである。米の自給率は100%。初めて米を収穫した翌年から、仲間と一緒に米味噌も造るようになった。

「野菜作りでも味噌造りでも、教えてほしい人には、うちに来ればなんでも教えてあげることにしています。この歳になると、ノウハウをもったまま死ぬのがもったいない。子どもが店を受け継ぐ時代でもないし、一代で終わるのがもったいないと思うようになったんですわ」

　仲間と協力して、もうひとつ手作りしているものがある。正月と、山菜が始まる直前の3月下旬、

（左）米味噌は自宅で造り、納屋で寝かしている。塩と麹は既成品だが、米（ヒノヒカリ）と大豆はともに自家製。
（右）菌は秋田や栃木、奈良など、それぞれのキノコを得意とする菌床販売会社から購入する。川波では秋から春先まで自家製キノコを使った土瓶蒸しを供している。この料理のためだけに、奈良へ足を運ぶ価値がある。

穴窯で陶器を焼いているのだ。

北大路魯山人に憧れていた奥田さんは、老舗旅館で住み込みで働いていたころから、「いつか魯山人のように器を焼きたい」と切望していた。

独立し、自分の店を持ったものの、器はひとりでは焼けない。3日3晩つきっきりで薪をくべなければならず、そのために大量の薪を用意しなければならないからだ。

野菜作りの仲間と陶器作り志望者が集まってきたことで念願がかない、2003年から器を焼きはじめた。冬になると多少時間にゆとりができる。その間、山から木を切り出し、薪を準備する。5年間は試行錯誤の連続だったが、やっと最近、「これは」と思える器も焼けるようになった。

「買ってきた器に料理を盛るのと、この野菜をどのように料理にするからこんな器を焼こうというのでは、料理人としての発想の仕方がまったく違うんですわ。献立を考え、それに合った大きさ、口径、高さの器を焼き、料理を盛る。魯山人は、そういうことがよくわかる人やったと思います」

2011年の夏には、さらに新しい試みに挑戦した。手打ちそばを出すために蕎麦を植えたのである。その花の蜜を集めようと、キノコを育てている竹やぶで日本蜜蜂も飼うことにした。

ところが、スムシ（蛾の一種）が蜜蜂の巣箱に産卵。その幼虫に蜂蜜を食べられ、日本蜜蜂は逃げてしまった。蕎麦を植えたのはその年が初めて。種を密集して播いたせいか風通しが悪くなり、虫に食われ、蕎麦も全滅した。

ときにつまずきながら19年間野菜を作り続けてきた奥田さんだが、いま、また新たな計画を温めている。

店主に教わった絶品メニュー

大根の金平

大根を香ばしく炒めるのがポイント

【2人分】

① 白胡麻（適量）を炒っておく。
② 大根（1/4本）を拍子切りにする。
③ ②をサラダ油（適量）を引いたフライパンで強火で炒め、きつね色にこがして、香ばしく仕上げる。
④ ③に大根の葉（②と同じ長さに切っておく）を入れて炒める。
⑤ フライパンをコンロからはずし、タレ（酒：小さじ3、濃口醤油：小さじ1/2、たまり醤油：小さじ1、みりん：小さじ1、砂糖：小さじ1.5）をあえる。白胡麻と一味唐辛子をかければ完成。

スーパーや八百屋に並ぶ一般的な野菜を作るのが奥田さんの流儀だ。「鯛のお造りをお出しするよりも新鮮な野菜のほうが喜んでもらえますわ」

「畑の近くで店をやろうと考えているんですわ。畑で遊んでもらったり、お客さん自身が収穫した野菜を使った料理を食べてもらえる店がやりたいんです。そんな面白いことができる物件を探している最中なんですわ」

畑の脇にあるレストラン。そんな夢のような店舗で、奥田さんが採れたての野菜をどう活かしきるのか。土の料理人の作品を味わってみたいものだ。

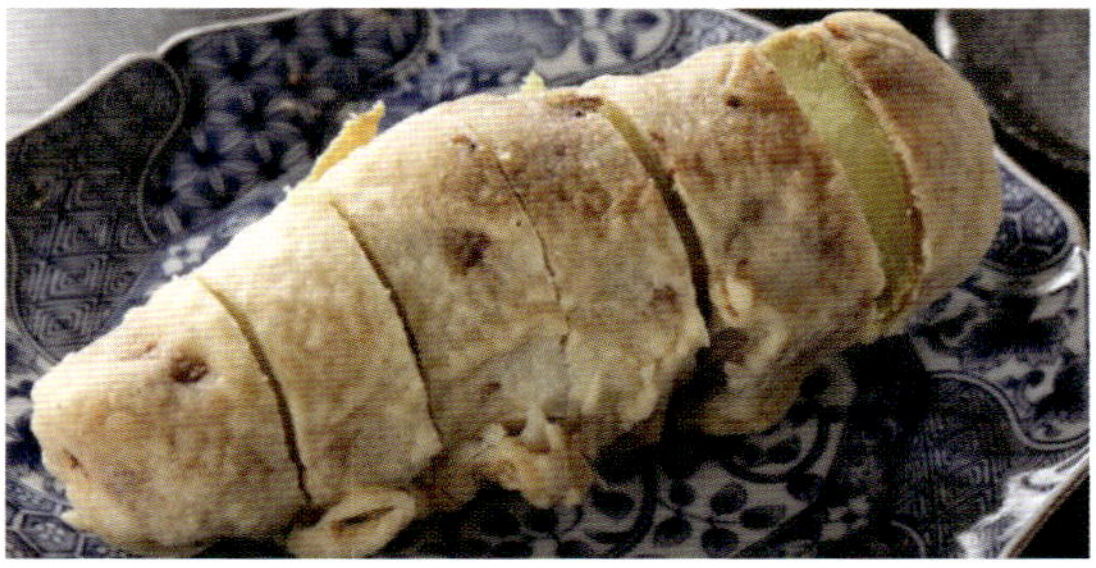

川波名物サツマイモの天ぷら。皮をむいた紅あずまを低温の油で時間をかけて丸ごと揚げた一品。

日本料理 川波

〒630-8114　奈良県奈良市芝辻町 4-6-14 沢井ビル 1F
TEL：0742-35-1873
近鉄奈良線新大宮駅徒歩 3 分
営業時間：昼 12：00～13：00LO、夜 17：00～21：30LO
「山も海も里もすべての食材は土が源」と奥田さんは言い切る。土の料理人が育てた野菜を用いた農園料理と会席料理を昼と夜に提供している。
昼3500円～、夜4000円～（ともにサ・税別）。
定休日：日曜

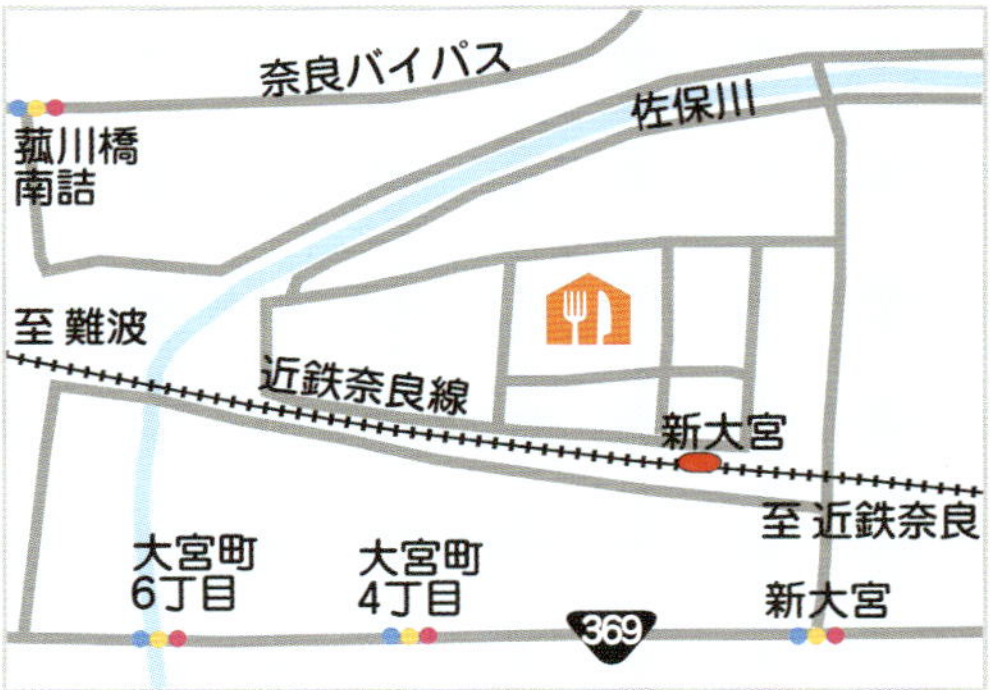

8月上旬の昼食に用意された八寸。
鯛、海老、鴨肉、ジュンサイ以外は野菜も梅もすべて自家製。
卵は庭で飼っている鶏が産んだもの。

野菜を自分で作ることで
実現した茶の心、もてなしの心

茶懐石 昇月　長野県安曇野《あずみの》市

雇われ料理人だった26歳のとき、生まれてくる子どもと妻のために
30坪の畑で、野菜の有機・無農薬栽培を始めた。
実家が兼業農家で、農業経験があった妻の協力もあり、
野菜作りにのめり込んでいく。
独立から10年目の2006年、北アルプスを望む300坪の土地を借り、
信州の山々が育んだ清流で野菜を栽培することにした。
四季折々の野菜を活かした、心のこもった茶懐石を、
数寄屋《すきや》造りの心地よい一室で堪能させてくれる。

味噌も醤油も手造り 自産自消を続ける 茶懐石の銘店

長野県安曇野の山里に数寄屋造りの家が佇んでいる。潜り門(くぐって出入りする小さな門)の向こうには趣向をこらした茶庭があり、飛石が置かれ、草木が植えられていた。

京都の茶庭と比べれば、お世辞にも広いとはいえない。けれど、茶庭の飛石も潜り門も草木も「茶懐石昇月」と書かれた表札も、すべてこの店の主・橋本良正さん(1966年生まれ)が土地のものを集めて作ったものだ。

「その土地に根ざした素材や旬の食材を使うのが、私が長年修業してきたお茶の世界の教えです。その世界に少しでも近づくために、野菜と米を無農薬、有機肥料で、自分の手で栽培しています」

畳廊下を抜け、部屋で待っていると、先付の胡麻豆腐と自家製の食前酒に続き、八寸が運ばれてきた。タマネギと海老のさつま揚げ、自家製の生姜味噌であえた万願寺唐辛子、ミョウガ寿司、鴨の燻製、ゆで卵などが竹のカゴに盛られている。

筆者は茶懐石を口にする機会はあまりないが、橋本さんが作る八寸は、あしらえも味も彩りもすべて素晴らしかった。

その後に続く、煮もの椀のキタアカリ(ジャガイモの一種)と加賀太キュウリも、炊き合わせのカボチャ、ナス、ピーマンも、香の物も、野菜の大半が自家菜園製だ。初夏から秋まで野菜を90%近く自給しているのである。

冬は若干、自給率が落ちる。それでも、厨房の地下にある貯蔵庫や、雪が積もった畑に備蓄した大根や里芋、聖護院大根、ホウレン

(左) キタアカリのお餅と加賀太キュウリの煮もの椀。

(右上) 野菜の炊き合わせも、唸りたくなるほどおいしい料理に。ひと口食べた瞬間、3人の取材班は沈黙した。

(右下) この日のお菓子は水羊羹。その小豆も自家菜園製。これほど滑らかな仕上がりの水羊羹は初めてだった。

草、水菜などを使った料理を供している。

　味噌は開業当初（１９９７年）から手造り。醤油は２００７年ごろから造りはじめた。醤油の原材料の大豆と小麦は地元長野産。味噌に加工する米は、いまでは無農薬栽培の自家製だ。

　どちらも、仕込むのは毎年３月。醤油は太陽を当てて発酵させなければならないため、樽に入れたままベランダに保管する。味噌は地下の貯蔵庫に寝かせる。

　ものの本によれば、季節感を出し、素材を活かし切るのが茶懐石だそうな。むろん、ほとんどの茶懐石の店が買ってきた食材を料理している。

「修業した店では、いい野菜を買っていました。でも、いつ収穫したものなのかわかりません。自家菜園で育てた採れたての野菜と、収穫から数日経った野菜を比べると、その差は歴然としています」

　兵庫県生まれの橋本さんは高校卒業後、大阪の料理学校に進学した。その後、関西の高名な料亭と、長野にあるその系列店で約７年修業後、長野の旅館で５年、研鑽を積んだ。

　関西の修業先では、仕入れたタラの芽やキノコなどを調理していた。赴任した長野で、天然もののほろ苦い山菜を初めて口にしたとき、思わず身震いしたという。そのときの感動が、橋本さんを長野に根づかせた原動力になっている。

　30歳で独立。自宅の隣に、長年夢に描いてきた茶懐石の店を開業した。店から見えた月がきれいだったことから、昇月と命名。

　長野の豊かで恵まれた自然の味を覚えた橋本さんは、毎年秋になると近くの山へ入り、松茸やナメコ、アミタケなどを採ってくる。

「キノコは味噌汁や椀種にしま

（左）８月上旬に収穫した野菜。この瑞々しい野菜があるからこそ、昇月の料理を提供できる。
（右）150坪の田んぼで米を育てている。不足分は減農薬栽培のものを購入。2011年、この田んぼの近くにある砂地の畑（300坪）を借りた。その畑ではカボチャやウリなどのつる性植物を育てている。

す。天然物のキノコはとにかく、うまい。ナメコは松茸以上の味が愉しめます。夏は、イタリア料理でおなじみのポルチーニ(ヤマドリタケ)も採れます」

北アルプスを望む自家菜園で四季折々の野菜を育てる

野菜作りを始めたのは独立する5年前。無農薬栽培にしたのはふたりの女性の存在が大きかった。

ひとりは、長野の系列店で働いていた24歳のときに結婚した18歳年上の恋女房、登志子《とし こ》さん。もうひとりは、26歳のときに授かった愛娘の潮《しお》さんだ。

「妻が妊娠して、改めて食の安全を考えるようになりました。それまでも料理人として頭では理解していたつもりでしたが、親になったことでより具体的な一歩を踏み出すことにしたのです。残念ながら、いまの日本では食の安全が保証されていません。でも、自分で野菜や米を無農薬栽培していれば、家族はもちろん、お客様にも胸を張って料理を出すことができます」

結婚後、旅館に転職し、安曇野に家を建てた。自宅の近くにあった友人の土地を開墾し、30坪の自家菜園で育てた無農薬野菜を家族に食べてもらった。兼業農家だった登志子さんの実家(兵庫県)では、無農薬で育てた米や旬の野菜が食卓を飾っていた。

「短大卒業後、松本の織物工房に入りました。40年以上前の話ですが、人里離れた山村にあったその織物工房では、自給自足の暮らしをしていて、味噌も醤油もすべて手造り」(登志子さん)

そうした原体験があっただけに、夫が農業をやろうと言い出し

(左) 水ナスを収穫中の橋本良正さん。「野菜は生活の一部であり、季節を教えてくれる大切な存在です」
(右) 畑は店から徒歩数分。足りない野菜があったときなどは愛車で急行する。休日はその愛車で体力づくりに励んでいる。

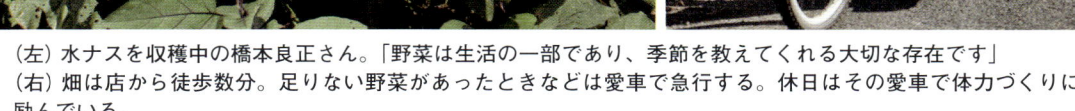

たとき、手放しで喜んだ。

「妻は農業に詳しかったんです。『そろそろ大根を植える時期じゃないの』と教えられたこともありました。妻は僕にとって農業の教師であり、味噌や醤油造りの先生でした」

初めて育てたのは大根、ジャガイモ、トマト、ナス。買ってきた苗を開墾したばかりの畑に植えた。農業の経験も知識も皆無だったが、形や収穫量よりも、安全で安心な野菜を自分の手で作ろうと決心したのである。

「虫に食われた部分は切って使えばいいと思っていたし、食べられないものは畑に戻せば、ミネラルの補給や堆肥になります。プロの農家はそれでは採算が合いませんが、自分は素人です。無農薬栽培しか頭にありませんでした」

開業から10年目の2006年、店の近くに300坪の土地を借りた。こうして、北アルプスを望む畑で野菜作りが本格的に始まる。

その土地を選んだ決め手は水だった。畑の脇にある溝には、北アルプスの湧き水や雪解け水がこうこうと流れている。信州の山々が育んだ清流をポンプで汲み上げ、タンクに溜め、畑に撒いた。

堆肥は自家製。鰹節のだしがら、味噌や醤油の搾りかす、庭で飼っている鶏の糞などの有機肥料を使用している。魚などの焼きものは備長炭で焼く。その際、炭火の上でミネラルが豊富な塩を打つ。その灰を畑に撒くことでミネラルを補給している。

「有機肥料ときれいな水で育てた野菜は、これまで修業先で扱ってきたものとはまったく違いました。この野菜を、力づくでもっとおいしくすることもできます。でも、せっかく自分で育てていい時期に収穫したものなので、野菜が

（左）醤油を仕込んだ木樽は、発酵を促すためにベランダに置いてある。「毎年春に搾った後、火入れをします。搾りたての醤油はバラ色に光り、きれいです」
（右）庭で飼っている鶏が生んだ卵は、ゆでて八寸に添えたり、錦糸玉子にしたり、季節の料理に使っている。

もつ味を引き出すことに専念しています」

どうしてほしいのか野菜の声を聞き、おいしく食べられるように手助けをする。それが料理人としてすべきことだというのである。

そのためにも山へ入り、水を汲んでくるのが日課だ。山の水で米を炊き、茶を立て、だしを引く。昇月の味の秘密は、このだしにあるといっても過言ではない。

野菜炊き合わせに盛られていたカボチャは、ごくふつうのカボチャだった。それでもきちんと引いただしで炊いてあったため、思わず「うまい」と嘆声をもらしてしまった。

２００９年には、「いつかやってみたい」と思っていた米作り（約１５０坪）に着手。無農薬で栽培したい旨を地元の稲作農家に相談したところ、「できるわけがない」と一笑された。実際簡単ではなかったが、初年度は３３０kg収穫できた。

「自然のサイクルのなかで自然にやれば、いい米が作れることがわかりました。自分が目指すべき米が見えてきたと思います」

植村直己に憧れた少年が冒険家的料理人に変貌

安曇野で茶懐石の世界を追求している橋本さんを見ていると、つい北大路魯山人の姿とかぶってしまう。「いつか魯山人のように器を焼きたいのでは」と尋ねたところ、意外な答えが帰ってきた。

「本当は冒険家になりたかったんです。子どものころから植村直己の本を愛読していました。長い竹を握り、クレバスに落ちない訓練をわけもなくしているような子どもでした。料理学校の就職課の

厨房の真下にある地下貯蔵庫。つい最近収穫したばかりのキタアカリや、自家製の味噌などが保管してあった。冬場は大根や里芋などをここに貯蔵する。

「世界中のおいしい食材を扱うのではなく、この土地の、旬のものをお出ししたいんです」

先生に『国際航路の船のレストランで働きたい』と相談したら、『そんな就職先はない』と言われました。『だったら日本一の店に入りたい』と頼み、関西の料亭に入社したんです」

　橋本さんの夢は、五大陸の最高峰をきわめた植村直己のような冒険家になることだった。

「夢はかないませんでしたが、冬はひとりで北アルプスに登り、植村直己をやってます。偉大な自然のなかで淡々と生きる力を身につけ、自然の一部として生きる感性を鈍らせないようにつとめています」

自分で野菜や米を育て、山を歩いて水を汲み、花を摘む。薪を割り、自分で造った味噌を炊く。自給自足を始めて、どこででも生きていく力を身につけたという意味では、安曇野での暮らしぶりは植村直己的といえるのかもしれない。

　入社した関西の料亭では、その店の料理が日本一だと信じ、7年間日々修業に邁進した。だが、一国一城の主となったからには、修業先よりも腕を上げ、いい素材を選び、いい仕事をしなければ、恩師を超えられないし、誰も認めてくれない。そのためにも無農薬、有機肥料で野菜と米を栽培しているのである。

「調理場にこもっていると、1年中同じ味になりがちです。でも、外に出て自然と関わることで料理の味も自然と調和していき、それが昇月ならではの季節の味になっていくような気がします。新しい

店主に教わった絶品メニュー

柴漬け

梅干しを漬けていればその梅酢で作れる

【2人分】

① ミョウガ、生姜、キュウリ、赤ジソの葉のほか、ナスなど好みの野菜（すべて適量）を用意する。

② ミョウガは半分に、生姜は薄切りにする。キュウリとナスなどはざく切りにする。赤ジソは大きめに切る。

③ すべての野菜をビニール袋に入れ、軽く混ぜる。その中に梅酢（適量）を注ぎ、よくもむ。梅酢がなければ、ひとつかみの塩を入れてもんだ後、酢（適量）を入れて再度よくもむ。

④ ビニール袋の口を結んで冷蔵庫に入れる。酢が赤ジソと反応し、柴漬けらしい紫色に変色する。冷蔵庫で1週間寝かせれば食べごろ。

野菜を増やし、野菜の完成度をもっと高めていけば、東京とも違う、安曇野ならではの世界一の料理が作れるはずです。自分がここでやってきたことは、誰にも真似できないと自負しています」

この地で料理人として真摯に一歩一歩歩んできた橋本さんが、どんな「山の頂点」にたどり着くのか、今後の成長が愉しみだ。

長野の修業先で働いていた登志子さんにひと目惚れ。この人のおかげで無農薬栽培に目覚め、野菜作りを始めた。

茶懐石 昇月

〒399-8301 長野県安曇野市穂高有明 8884-9
TEL：0263-83-5405
JR 大糸線穂高駅レンタサイクル 40分、有明駅タクシー10分
営業時間：昼 12：00～14：00、夜 18：00～21：00
居心地のよい佇まいの一室で、主が育てた野菜を中心に、手間暇をかけて作った茶懐石をいただける。茶事も受けつける（要予約）。
8000円～（税別。昼夜ともに前日までに要予約）。
定休日：不定休

10月上旬に登場した盛り合わせ。上からウリの藻塩あえ、トマト（アイコ）、キャラブキ、青唐辛子の味噌炒め、サツマイモサラダ。

「農業の魅力を伝えたい！」農業体験塾を併設する有機農家レストラン

野趣料理 諏訪野　埼玉県さいたま市

埼玉県庁から車でわずか30分の場所に萩原家の広大な農園がある。
萩原家では長年、無農薬・無化学肥料で野菜を育ててきた。
丹精込めて作った野菜は、学校給食や飲食店などに納品するだけでなく、
農園内で営む農家レストラン「野趣料理 諏訪野」でも供している。
萩原家の主婦で、店主のさとみさんは、
農業体験ができる「かあちゃん塾」の代表でもある。
さとみさんに農業の魅力、おいしい野菜の育て方・食べ方を教えてもらった。

飲食店などにも野菜を納品する農家レストラン

旧国道から小道に入ると、風景が一変した。鬱蒼《うっそう》とした雑木林のトンネルを抜けると、そこは農家の庭先。さいたま市郊外に昭和の趣きをとどめる農園があった。

その広大な農園の一画に温泉宿のような民家が佇んでいる。萩原さとみさん（1949年生まれ）が営む「野趣料理　諏訪野」だ。

「無農薬・無化学肥料で育てた野菜を使った料理を提供するため、1999年にレストランを始めました」

萩原家の屋号にちなんで諏訪野と命名された建物は、大広間の床や柱、廊下には敷地内に生えていたケヤキを使用。外壁や柱は、庭で採れた柿で作った柿渋を塗って仕上げた。

料理をいただく前に畑を案内してもらった。一輪車を押しながら、さとみさんは畑へ向かった。「今日はきぬかづきを食べてもらおうかな」とつぶやくと、スコップで里芋を掘りはじめた。

「きぬかづきにちょうどいい大きさの里芋が採れました。自家製味噌をつけて食べるとおいしいんです。このズイキも料理しますね」

里芋は諏訪野で提供するほか、さいたま市内にあるホテルに出荷する予定だ。里芋だけではない。萩原家の野菜は、飲食店や個人宅にも配達している。

「2008年から、納品先が増えました。食事に来られた方がさいたま市内の学校の栄養士さんで、その方にうちの野菜を給食で使わせてほしいって頼まれたんです」

当初納品先は1校だった。ところが、萩原家の野菜を使いはじめ

「実家も農家でしたが、嫁ぐまで農業をしたことがありませんでした。義父に習いながら、東京農業大学の通信教育を受けました」と、萩原さとみさんは語る。

てから残飯が激減。野菜嫌いの子どもも喜んで給食を食べるようになったというのだ。

評判を聞きつけた他校の栄養士からも依頼され、徐々に契約先が増えていった。やがて萩原家の畑だけでは賄いきれなくなり、いまでは農家仲間と一緒に、さいたま市内の小・中学校8校に野菜を出荷している。

農業の魅力を伝えるため農業体験塾を開校

現在は2haの農地で野菜と米を栽培しているが、20数年前までは家族が食べる分だけを細々と作っていた。

「うちは10代以上続く農家なんですが、元々は植木生産農家でした。バブルが弾け、1990年ごろから植木が売れなくなりました。やむを得ず植木を育てていた土地を畑にし、無農薬・無化学肥料で野菜を作り、市場に卸すことにしたんです」

ところが、無農薬野菜もふつうの野菜も同じ値がつけられた。無農薬野菜の価値がまだ理解されない時代だったのだ。

そこで、市場出荷を止めて、安心・安全な野菜を求める消費者に野菜の宅配を始めた。

「でも、当時はまだ無農薬野菜の販路も需要も少なかったので、諏訪野を始めることにしました」

諏訪野の料理を食べた人が萩原家の野菜を気に入り、野菜を注文してくれるようになっていく。そのなかにはプロの料理人もいた。いまでは、埼玉県内4店舗の飲食店に野菜を出荷している。

「農家として自分たちが作ったものに責任をもちたい。そのためにも、飲食店や学校、個人のお客

「里芋は浦和ロイヤルパインズホテルに納品します。うちの里芋が私の顔写真付きでメニューに紹介されたこともあります」

様と顔が見える関係でいたいと思っています」

それには野菜を手渡しするのがいちばんだ。毎朝5時半起床。学校や飲食店から頼まれた野菜をご主人の哲さん、長男の毅さん、次男の哲哉さんと一緒に収穫する。

仕分けした野菜を学校や飲食店に配達するのは、哲哉さんの仕事だ。個人宅には月に一度届ける契約になっている。遠方だけは宅配便を利用するが、さいたま市内と川口市内の60軒には、ふたりの息子が一軒一軒回り、野菜を手渡しする。

野菜には『諏訪野だより』も同封する。季節の挨拶やイラストつきレシピ、野菜の保管方法などを綴った、さとみさんの手書きだ。

「下手くそなイラストなんだけど」と本人は照れ笑いするが、野菜への愛情がひしひしと伝わってくる。

「おいしかったわよ」「子どもが喜んで食べました」という報告を息子たちから聞くのが、なによりも嬉しい。

結婚前、さとみさんは母に料理を習い、料理学校にも通っていた。「料理の世界に進みたい」と思っていたころ、結婚が決まった。諏訪野をオープンしたことで、料理人になりたかった夢をかなえられた。

じつはもうひとつ実現できた夢

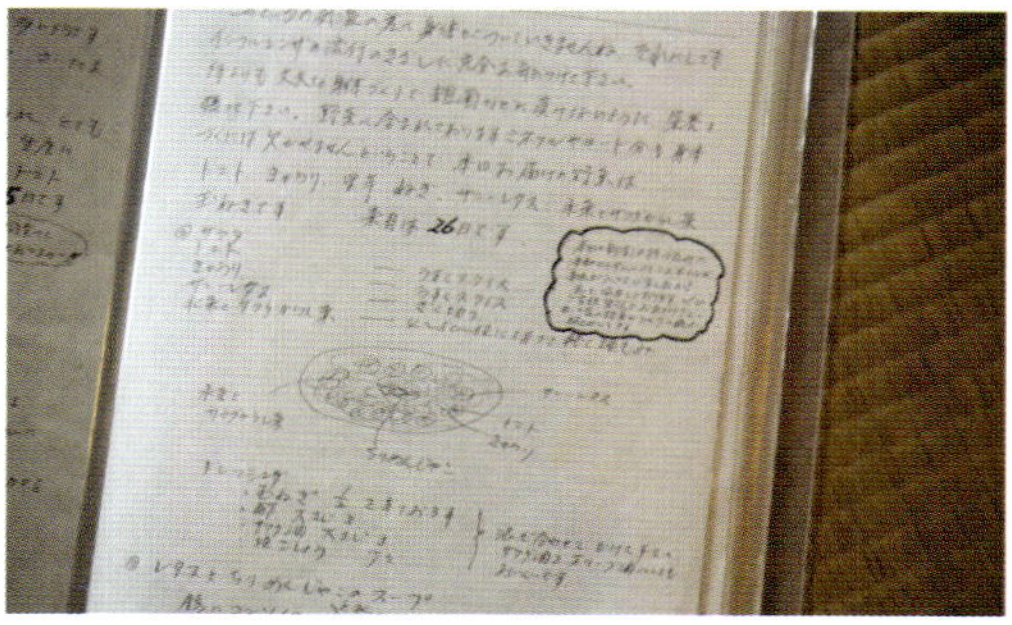

ある月の『諏訪野だより』。自分たちが育てた野菜をどう食べるとおいしいのか、イラストを交えて説明している。

取材時、さとみさんが収穫した野菜。左上のラグビーボール型の野菜はロロンというカボチャ。「ねっとりしていて、とてもおいしいんです」

がある。1997年に「かあちゃん塾・ファームイン・さぎ山」を開校し、先生になる夢を49歳でかなえたのだ。

以来、農業体験塾の代表として、農業を通じた生き物との共生や環境問題を、子どもと大人に愉しみながら学んでもらってきた。

畑の一画には体験農園がある。春先から年末まで、子どもたちが親と一緒に里芋や大根、ネギなどを無農薬・無化学肥料で育てているのだ。

「昨年大根が全滅したので、今年はネットをかけることにしました。無農薬なので大根の葉も安心して食べられます。たとえば、ちりめんじゃこと一緒に炒めて、ふりかけにしてもおいしいです」

農園内に積み上げた堆肥も立派な教材だ。野菜くずや落ち葉、わら、燻した籾殻、牛糞、鶏糞、馬糞を混ぜ合わせる。これを半年以上寝かせる。その間ユンボで何度も撹拌し、堆肥にするのである。

畑の一画にある体験農園。無農薬なので安心して食べられることを教えている。一輪車を使った作業を、子どもたちが喜んで手伝ってくれるそうだ。

オリジナルやシェフ直伝の料理も登場する

かあちゃん塾では、食育のイベントにも力を入れてきた。農園内で開催したイベントに参加したフランス料理のシェフやホテルの総

生ズイキの炒め煮。短く切ったズイキを流水で洗った後、油で炒め、砂糖、酒、みりん、醤油を加えて甘辛く炒めた一品。

料理長が、アウトドア料理を披露したこともある。諏訪野の野菜でラタトゥイユやニョッキ、牛肉の赤ワイン煮込みブルゴーニュ風を作ってくれた。

イベントや畑を見学に来たシェフから、さとみさん自身が料理を教わる機会も多い。そのお礼にシェフの店で食事をすることにしている。その際、畑で採れた野菜を手土産に持参する。

「野菜を渡すと、シェフが即興で料理を作ってくれるんです。三國清三シェフ(『オテル・ドゥ・ミクニ』のオーナーシェフ)に干しズイキをプレゼントしたら、戻してステーキソースにからめた料理を作ってくださいました」

諏訪野の野菜を使ってくれている店にも、ときどき食事に行く。自分たちが作った野菜をシェフがどうアレンジしているのか、料理人として勉強になるからだ。

諏訪野の定番は、農家の家庭に伝わる伝統料理や郷土料理。精進揚げやコンニャクの刺身、小芋の味噌醤油添えを食べていると、田舎の親戚のおばちゃんの家でご馳走になっているような、どこか懐かしい思いにひたることができる。

ただし、諏訪野が他の農家レストランと圧倒的に異なるのは、シェフ直伝の料理や、プロの皿からヒントを得た諏訪野オリジナル料理も登場するところにある。「萩ちゃん家の里芋おはぎ」と命名された料理もそのひとつだ。

ときに、さとみさんがシェフにレシピを伝授することもある。

「うちのおいしいネギを店で使ってもらいたかったので、シェフにネギのマリネのレシピを伝えたんです。イベントなどでシェフとコラボさせていただく機会も多く、シェフから刺激を受けて、私

店主に教わった絶品メニュー

萩ちゃん家の
里芋おはぎ

胡麻の風味が効いた逸品

【4人分】

① 米(2カップ)は洗米後、ふつうの水加減で30分ほど浸水する。
② 皮をむいた里芋(300g)と塩(小さじ1)を①に入れ、炊き上げる。
③ ②をすりこぎですりつぶす。
④ 餡(600g。既成品で可)を3等分する。③も3等分に分ける。
⑤ 巻き簀にラップを広げ、④を広げる。その中心に④の餡をのせて、太巻き寿司のように巻く。
⑥ まな板の上に炒り胡麻(大さじ6)を広げる。その上にラップをはずした⑤を転がして胡麻をまぶし、人数分に切り分ける。この工程を3回続ける。

も負けてはいられないと思うようになりました。シェフには、いつもお世話になっています」

　近年は、かあちゃん塾代表として講演を頼まれる機会も増えてきた。大学教授や医師と一緒に、パネリストとしてシンポジウムに参加するのだ。

　いまでこそ農家の主婦として自分の意見や主張をさまざまな場で発信しているが、若いころのさとみさんには農家の嫁としての自負も自信も皆無だった。30数年前、女学校の同窓会で屈辱的な言葉をかけられたとき、言い返す言葉もなかったという。

「同級生に『なんで農家なんかに嫁いだの』って言われたんです。当時30代だった私には、反論する言葉もはねのける知識もありませんでした。でも、いまだったらはっきりと言ってやります。百姓がいなくなったらどうすんのよ。あなたたちの命は私たち農家が預かっているのよってね」

　作物を生産するのが農業だ。けれど、農業にはそれ以外のメリットや効能があるというのが、さとみさんの持論だ。

　食の安全・安心。教育。生きがいとしての福祉。環境問題。この4つを伝えるため、かあちゃん塾を続けてきた。最近、そこに新しいテーマが加わった。
○農作業や農村風景に伴う癒し。
○新鮮でおいしい野菜を食べることによる予防医学。
○観光（グリーンツーリズム）。
○居場所づくり。
　この4つをかあちゃん塾に取り入れた。

「農業には、この国のさまざまな社会問題を解決する包容力があります。そうした農業がもつ力をアピールするのが私の仕事であり、

店主に教わった絶品メニュー

ネギのマリネ

細いネギで作ると、最高においしい

【２人分】

① ネギ（１本）を５cmに切る。
② フライパンにオリーブオイル（適量）を引き、中火で①を焼く。しんなりしたら塩とコショウ（各適量）をふる。
③ 器に盛り、柚子（適量。レモンでも可）を搾ってかければ完成。

「本当はうちの畑で作っている岩槻ネギで作るのがいちばんおいしいです（笑）。太いネギよりも、九条ネギのような細いネギで作ってください」とさとみさん。

私の挑戦なんです。かあちゃん塾で農業体験をした子どものなかには、農業高校や大学の農学部に進学した人もいます。うちの息子たちも含め、次の世代が自信をもって就農できる土壌をつくる。それも私の仕事だと思っています」

　さとみさんが諏訪野を始めたのは、自家製の野菜を使った料理を食べてほしいという思いだけではない。食事に来た人に畑を見学してもらったり、農業の魅力を伝えることで、農業がもつ無限の可能性をたくさんの人に知ってほしいと願っているからである。

「生涯私は百姓として、イキイキと生きていきたいと思っています。百姓という文字は女が百歳まで生きるって書くんです。知ってました？」

　諏訪野は都心からわずか1時間程度で行ける、心の故郷のような存在だ。おいしい料理を食べさせてもらうだけでなく、土の香りや田舎の風情も愉しませてくれる、都会人のオアシスなのである。

調理中はオートクチュールのコックコートを愛用。「三國シェフが着ていたコックコートが素敵だったので、絣をパッチワークにしたコートをデザイナーに作ってもらいました」

野趣料理　諏訪野

〒336-0977　埼玉県さいたま市緑区上野田282
TEL ＆ FAX：048-878-0459
埼玉高速鉄道線浦和美園《みその》駅タクシー10分
営業時間：11：30〜14：00、夜は要相談（完全予約制、５名以上）
さとみさんが農作業や講演などで不在のことも多い。
食事をしたい日時を第三希望まで書き、ファックスしてください。
野趣料理懐石3500円〜（税込。大人数の場合、要相談）。
定休日：不定休

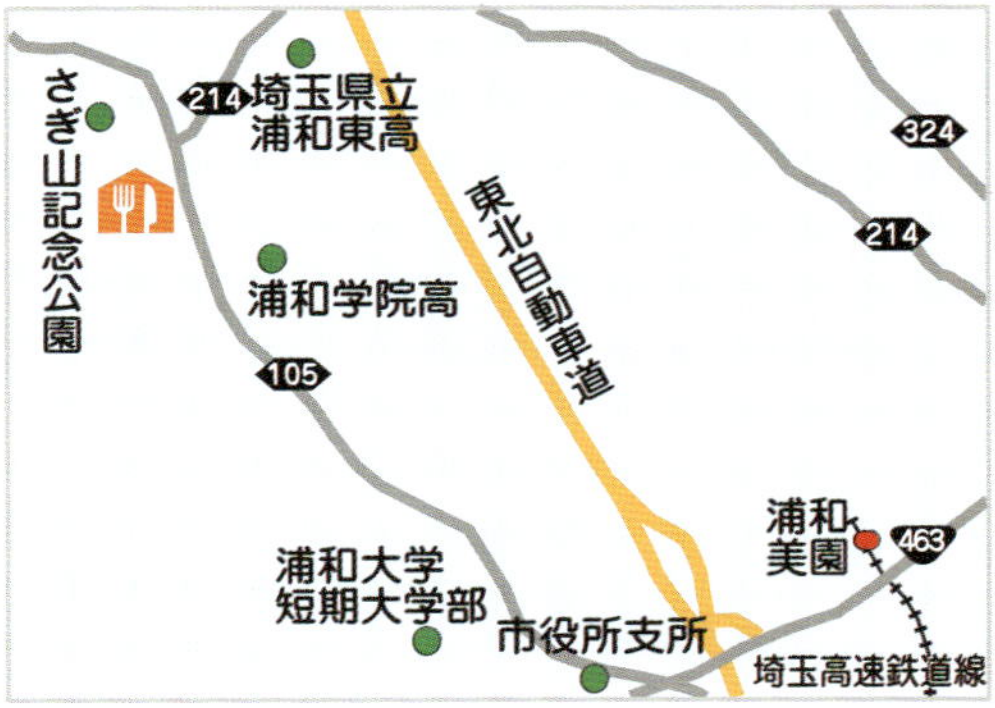

東京カボチャ、白カボチャ、バターナッツなど、複数のカボチャを用いることで風味豊かでまろやかなスープに仕上げている。

無農薬野菜が評判 富士を望む フレンチレストラン

店内には観賞用のカボチャが飾ってある。

レストラン ロマラン　山梨県南都留《つる》郡富士河口湖町

飲食店が林立する河口湖町に他店と一線を画すレストランがある。
オーナーシェフが富士山の裾野にある畑で野菜を無農薬栽培しているロマランだ。
ホテルマン時代は、そのまま料理できる“きれいな野菜”のほうが
効率がよいと思っていた。だが、規模が小さなレストランであれば、
自分で作った野菜を出すことができる。
どうせやるなら、無農薬で育てた安全・安心な野菜を食べてもらいたい。
シェフが愛情込めて育てた野菜を使った料理を提供している。

初めて作った野菜は ディスプレイ用の 巨大カボチャだった

富士山の裾野にある約1000坪の畑で野菜を無農薬栽培している料理人がいる。「レストランロマラン」(山梨県富士河口湖町)のオーナーシェフ加藤泰森《やすもり》さん(1953年生まれ)だ。

「店を始める1年前(1997年)にこの畑を借りました。肉や魚に価値を感じてくれるお客さんは多いのですが、野菜を気にしてくださる方は少ないです。でも、自分としては、安全で安心な野菜を育てていくしかないと思っています」

ときに少量の化学肥料を使うこともあるが、基本は2tトラックで調達してくる牛糞と鶏糞で野菜を育てている。ときにニンニクと焼酎で作った自家製の害虫駆除剤を噴霧するものの、殺虫能力が低く、畑は虫たちの楽園と化している。

「毎年トウモロコシを3000本作っていますが、虫に食われて3分の1しか収穫できない年もあります。あれだけおいしい作物に虫がつかないはずがありません」

収穫したトウモロコシは蒸してから真空パックにする。これがロマラン自慢の濃厚で奥深い味のポタージュに変身する。

最近のトウモロコシは甘いだけでコクがないので、5品種を栽培している。たとえば、甘みが強い恵味《めぐみ》という品種や、加藤さんが昔モロコシと呼ぶ甲州種などを併用することで、深みのあるポタージュに仕上がる。

このように同じ野菜でも多品種を栽培しているところが、ロマランの特徴だ。

「料理に彩りが欲しいので、人

(左) 曲がった人参はそのまま調理することもある。二股の人参も、きざめばおいしく食べられる。
(右)「菊芋は、霜が降りた11月に収穫するので甘みがあります。チップ(P34 右写真参照)にしたり、クリーム煮にして、召し上がっていただきます」と加藤泰森さん。

参は島人参や京人参、紫色人参など、7種類ほど作っています。種を播くのは毎年9月上旬。付け合わせの野菜が減ってくる秋ごろ収穫するためです。スープなどに使うカボチャは東京カボチャ、白カボチャ、赤ズキンなど7種類。デンプン質が多いカボチャだけだとザラザラした食感になるので、まったりとした風味のバターナッツなどのカボチャも混ぜています」

カボチャの中には、アトランティック・ジャイアントのような展示用の品種もある。

「主人がこの巨大カボチャを初めて育てたのは1985年です。あのとき主人はいきなり私の畑に侵略してきました」

ホール担当の起世美《きよみ》夫人は、笑いながらもやや憤りの面持ちで語りはじめた。

「実家（山梨県南都留郡忍野村）にいた20歳のころから家庭菜園をしていて、結婚後も実家の畑で野菜を作っていました。あのときは、『ホテル（後述）のレストランに飾りたいのでこの種を播け』って、主人にアトランティック・ジャイアントの種を渡されたんです。余計なものを自分の畑で作りたくなかったので、その種は畑の隅に播きました。ところが、芽が出てきたら、主人ときたらこれでもかというぐらい化成肥料をスコップでかけたんです。あのときは主人が信じられませんでした」

いまでこそ野菜作りに熱中している加藤さんだが、27年前の結婚当時は野菜作りを愉しんでいた妻を小馬鹿にしてたし、野菜なんて買ったほうが安いと信じていた。

「家族旅行先で私が収穫間近の野菜のことを心配していると、『こんなときぐらい畑のことは忘れろ』と罵られました」

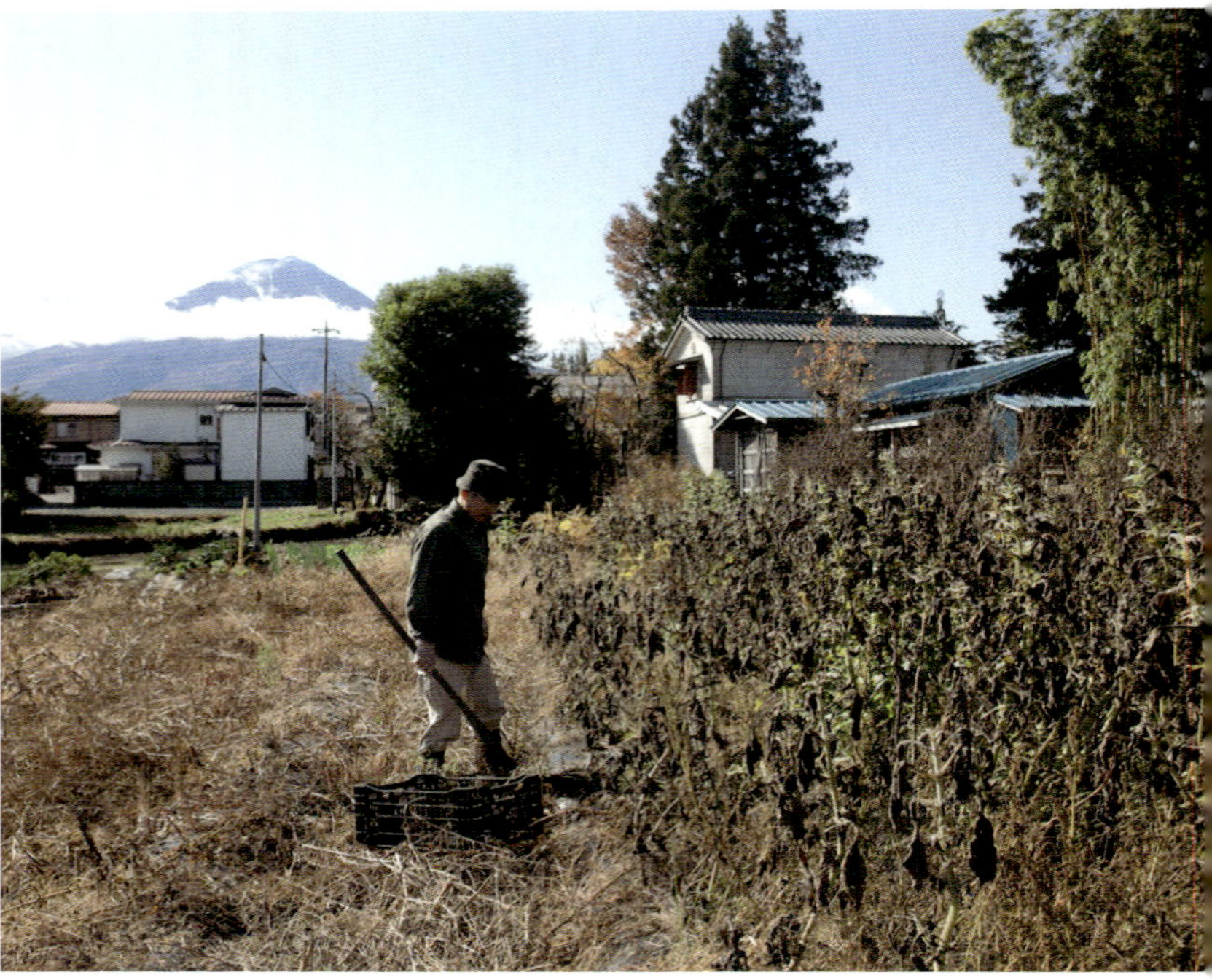

（左）独立した当初から、畑の隣でシイタケを原木栽培している。赤ワイン煮込みにするとうまいそうだ。
（右）富士山を望む広大な畑で野菜を育てている。右手の枯れかけた茎はヤーコン。「冬に収穫するのですが、ひと月寝かせておくと洋梨のように甘くなります。生でもおいしいし、シャーベットにすることもあります」

大勢の客は無理だが少人数なら無農薬で栽培できる

加藤さんは、中学卒業と同時に富士急グループのホテル（山梨県）に就職。28年間厨房で働いてきた。

ホテルを辞める数年前、レストランのディスプレイに使う巨大カボチャの種を奥さんに託したわけだが、それまで食用の野菜を作ろうと思ったことは一度もない。

「野菜を大量に消費するホテルで、虫に食われた無農薬野菜を1個1個掃除していたのでは採算が合いません。安心で安全かどうかよりも、そのまま使えるきれいな野菜を買ってきたほうが、はるかに効率がいいんです」

その後1997年に、地元ペンションの雇われシェフに転職した。

「会社の指導ではなく、自分の責任において安心で安全な野菜を提供していくことにしました。20人程度なら自分で野菜を作れると思ったし、どうせやるなら無農薬にしようと決心したんです」

顧客がマスからコアになったことで改宗。300坪の畑を借りることにした。早速トウモロコシやキュウリ、カボチャなどの種を用意したものの、どうやって育てればいいのかまったくわからない。起世美さんに聞いたところ、「トウモロコシの種はマルチシート（土を覆うためのビニールや紙製）に指を刺し、その穴に植えればいい」と教えられた。

「ところが、一週間経っても芽が出てきません。穴が深すぎて、下のほうで芽がモヤシになっていました。肥料をぶっこめば野菜は自然と大きくなるものだという程度の浅知恵しかなかったんです」

こうして、野菜作りの先輩だっ

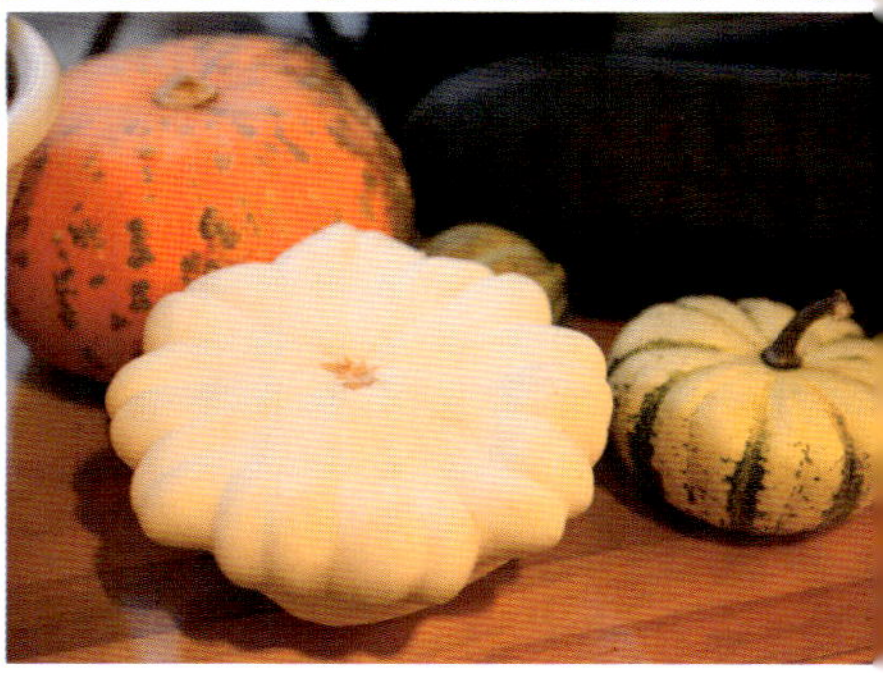

（左）「農家は採算のとれる野菜を作るのが目標。私はおいしい野菜を育てるのが目標です。原価計算をすると高くなるのでしません（笑）」。（右上・右下）種はインターネットで購入することが多い。なかには、カボチャのように自分で種採りをしている野菜もある。

た起世美さんの指導を受け、よちよち歩きながらも野菜作りが始まった。収穫した無農薬野菜はペンションで提供した。

その2年後に独立。現在の畑で野菜やハーブを作りはじめた。ちなみにロマランとは、フランス語でローズマリー（ハーブの一種）を意味する。

オープン前、「無農薬栽培野菜使用」と謳った看板を近くの国道に掲げた。客へのアピールではない。「これからは無農薬野菜を提供していくんだ」という加藤シェフの決意表明だった。

「買ってきた野菜なら、いくらでも責任逃れができる。『自分で作ればもっといいものができるんだけど、時間がないから買ってきたんだ』というような言い訳を自分にできます。看板を掲げ、逃げ道をふさいでしまえば、畑仕事を一所懸命続けるしかありません」

取材日（11月上旬）、クラムチャウダーをいただいた。キタアカリ、人参、青と黄色のズッキーニ、キャベツ、タマネギ、セロリ、赤と青のピーマンを使い、彩り鮮やかだった。

甲州地鶏のコンフィとハーブサラダも頼んだ。そのサラダには、大根やトレビス（チコリの一種）、サニーレタスなどの瑞々しい野菜が盛られ、大根のコンソメ煮のソテーと菊芋のチップも添えられていた。

地元のお年寄りに 先人たちの 知恵を教えてもらった

ペンションの雇われシェフとして無農薬栽培を始めたころから、自家製野菜を近所の農家に配りはじめた。加藤さんなりに考えた、無農薬栽培の啓蒙活動だった。

甲州地鶏のコンフィとハーブサラダ（大根、トレビス、サニーレタス、イタリアンパセリなどを使用）。手前中央は大根のコンソメ煮のソテー。手前右は菊芋のチップ。

「お宅も無農薬にしませんかなんて言おうものなら、喧嘩を売っているようなものです。だから、同じ野菜を作っている人にも『いいのができました』といっておすそ分けをすることにしました。無農薬野菜を作ろうと思ったら、いろいろな人とよい関係を築くことも不可欠です。孤立無縁では、無農薬栽培は続けられません」

　おすそ分け作戦が功を奏し、無農薬栽培に転じる人が徐々に増えていく。思わぬ収穫もあった。親しくなったお年寄りから野菜作りのコツを教えてもらえるようになったのだ。

「ある種の袋には『9月に播くといい』と書いてありました。でも、『このあたりは寒いので、ひと月早く播いたほうがいい』とお年寄りに言われたんです。種苗会社がある地域とここでは環境が異なることを、土地の農家の人に教えられました。とくに伝統野菜は、いつ種を植えるといいのかを農家のお年寄りはよく知っています」

　反対に定説が間違っていたこともある。ロマランでは毎年タマネギを3000本育てている。初めて植えたとき、「こんな寒いところでタマネギを作る者はいない」と鼻で笑われた。しかし、追肥も化学肥料も使わないから小粒とはいえ、甘くておいしいタマネギを毎年収穫している。

　そのタマネギが、和牛ロースと自家製温野菜に使われていた。皮つきのままオーブンで焼いただけの温野菜なのだが、タマネギ特有の甘みを味わうことができる。

　つけ合わせが少なくなる冬は、ポレンタ（トウモロコシで作る、お粥に似たイタリア料理）を温野菜として添える機会が増えるそうだ。

「野菜が不足すると、仲よくなたった近所のお年寄りに分けても

(左) 加藤シェフに野菜作りを教えた、妻でホール係の起世美さん。
(右) この日のメインは和牛ロースと自家製温野菜。ヤーコン、人参、ミニ大根、安納《あんのう》芋、シイタケ、カブ、タマネギ、ヒメトウガン、アピオスなどが盛られていた。

らえるようになりました。『自分が不在でも、好きな野菜を持っていってもかまわない』と言ってくれる人もいます」

見よう見まねで始めたこともある。たとえば、マリーゴールドやネギを植えたことだ。土地の人がなぜマリーゴールドを畑で育てるのか不思議に思い、調べたところ、センチュウが来なくなる効果があることがわかったからだ。畑の隅にネギを植えるとアブラムシが寄ってこなくなることも判明した。口承されてきた先人たちの知恵の奥深さを肌で知った。

加藤シェフに野菜作りを教えた起世美さんは、ロマラン開業と同時期、畑に立つことをやめた。以来ロマランの野菜作りは、加藤シェフがひとりで行っている。

「人手が必要なマルチシートを張るときなどは手伝うこともあります。でも、私が主人に畑仕事を邪魔されたくなかったように、私も主人の領分には侵略しないことにしました」

ホテルマン時代は部下を力づくで動かしていた。ある意味それがステイタスだった。けれど、畑ではそれが通用しない。口をきいてくれない野菜の様子をうかがいながら、こちらが率先して動かなければならない。

「刈っても刈っても伸びてくる雑草のように、野菜も自分の力で大きくなってほしい。それには野菜に力が必要です。私は野菜を作っているというよりも、野菜が力強く育つための手伝いをしているのだと思っています。でも、実際、人間の力なんてたかがしれています。何かをしたところで太陽が出ないと野菜は育たないことがわかったときは力が抜けました。自然体になれたおかげで、仕事がはかどるようになりました」

店主に教わった絶品メニュー

ボルシチ

家庭にある野菜で作るロシア料理

【2人分】

① ひと口サイズに切った牛バラ肉（適量）を鍋で炒める。油は不要。
② 鍋にブイヨン（500cc。市販品で可）を注ぐ。
③ 適当な大きさに切った野菜（大根、カブ、ジャガイモ、キャベツ、白菜などを適量）を入れて煮込む。
④ 刻んだビーツ（なければトマトでも可）も加える。
⑤ 塩とコショウを入れ、20～30分煮込めば完成。
⑥ 器に盛り、サワークリームか生クリームをかける。

ホテルの厨房で長年みっちりと修業を積んできた加藤シェフが腕をふるった西洋料理を体験してほしい。都心では体験できない、滋味豊かな旬の野菜の味を満喫させてくれるはずだ。

「野菜をきちんと自給自足していないと、お客様に料理の説明ができません。自給率は夏場で90%、冬場は根菜類が中心になるので50%ぐらいになります。野菜の種類は６月から11月ごろまでがもっとも豊富です」

レストラン ロマラン

〒401-0301　山梨県南都留郡富士河口湖町船津 6713-73
TEL：0555-73-3717
富士急行河口湖線河口湖駅徒歩20分、タクシー５分
営業時間：昼 11：30〜14：30LO、夜 18：30〜20：30（要予約）
温かい家庭的な雰囲気の店内で、カジュアルな料理を食べさせてくれる。メイン料理には自家製野菜を10種類以上使用する。
昼 1500円〜、夜 3500円〜（ともに税別）。
定休日：水曜（祝日の場合営業）

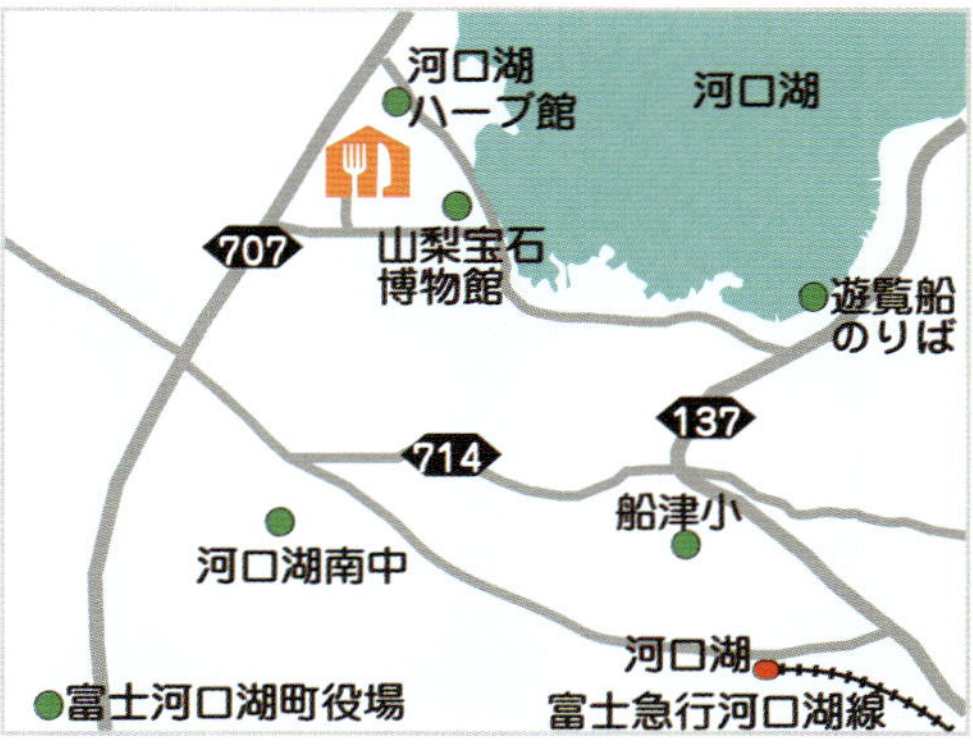

若鶏のコンフィ ポートワインのソース。ナスや姫人参、オクラなどが添えられていた。

営業前に収穫する野菜の風味と香りが嬉しい本格的フレンチ

アルブルヴェール　山梨県大月市

田舎暮らしに憧れ、1989年に山梨県大月に移り住み、自家菜園のある洋食店を始めた。
そんな父の後ろ姿を見て育った息子は、都内のフランス料理店で６年、
イタリア料理店で２年修業した後、大月に戻った。
「店の隣にある畑で父が育てた、新鮮でおいしい野菜でフランス料理を作ろう」
そう思い、家業を継いだ。シェフが父から息子になったことで、
屋号も料理も変わった。
父が育てた野菜を息子が料理しているフレンチレストランを紹介する。

採れたての野菜の風味を味わってほしい

山梨県大月市の高台に一軒家レストランが佇んでいる。東京都内のフレンチレストランで6年、イタリアレストランで2年修業した高松英一シェフ（1974年生まれ）が腕をふるう、フレンチレストラン「アルブルヴェール」である。

山々の四季の移ろいを眺めながら、本格的なフランス料理を廉価で愉しめるとあって、都内からわざわざ足を運ぶ人も多い。

各地で水揚げされた魚介類やブランド肉を使った料理に加え、客が愉しみにしている食材がもうひとつある。

「店の隣にある約80坪の畑で、父が野菜を無農薬栽培しているんです。修業先では契約農家に野菜を定期的に送ってもらっていましたが、届くまでに中1日かかりました。隣の畑で今日採れたばかりの野菜と中1日経ったものでは、香りも風味もまったく違います」

野菜は余分に収穫しない。足りなければ勝手口からひとっ走りして採ってくればいいというのが、この店の信条だ。

高松シェフの父英夫さんは自分が手塩にかけて育てた野菜を、昼と夜の営業が始まる数時間前に収穫する。おかげでシェフが調理する野菜は鮮度がよく、香りも風味も抜群である。

「修業時代、野菜はなんでも同じように火を入れればいいと思っていました。ところが、うちの店は野菜が目当てのお客様も多く、採れたての野菜の風味や色合いを愉しんでいただきたいので、火を入れすぎず、シャキシャキ感を残すように心がけています」

おいしい野菜を育てるため、堆

この雄大な風景を愛でながら、食事が愉しめるのが、アルブルヴェールの魅力のひとつ。「雪が降ったら降ったで眺めが最高なんです。春は庭の枝垂れ桜がきれいです。開花の時期は窓側の席が予約で満席になります」と、母の喜和子さんは微笑んだ。

肥も英夫さんの手作り。だしを引いた魚の骨、海老の甲羅、タマネギの皮など、厨房から出た生ごみや落ち葉を畑の隅で発酵させて、堆肥にしている。

レストランをオープンしたのは、当初この店のシェフだった英夫さんだ。富士五湖周辺や観光果樹園が軒を連ねる峡東地域（甲府盆地）と比べると、大月は観光客を呼び寄せる魅力が弱い。そんな大月に1989年、東京で洋食店を営んでいた英夫さんが、家族と一緒に引っ越してきた。当時46歳。

一軒家レストランのアルブルヴェール。
1階が店舗で、2階が住居になっている。

料理人として油が乗り切っていた英夫さんは、念願の田舎暮らしをするため、大月に移転したのだ。

荒れ放題だった約80坪の土地をひとりで耕した

東京生まれの英夫さんは若いころから飲食店で働いてきた。1964年、東京オリンピック開催とほぼ同時期、21歳で独立。港区三田で洋食店を始めた。1972年、30歳のとき、20歳の喜和子さんと結婚。三田のマンションの6階で新婚生活が始まった。

隣のお婆さんがベランダのプランターで花を育てていた。それを見た英夫さんは、花ではなく、食べられる野菜を栽培しようと思い、園芸用のプランターをベランダに並べ、トマト、キュウリ、ナスを作りはじめた。

（左）「採れたての野菜の味と香りを知っていたので、父が丹精込めて育てた、瑞々しい野菜を用いたフレンチをやってみたかったんです」と高松英一シェフ。（右）料理人が仕事をしやすいように、英夫さんは収穫した野菜を洗ってから厨房に届ける。前シェフだっただけに、料理する人の気持ちを理解したうえで野菜を育てている。

土は既成品。堆肥の代わりに米のとぎ汁をかけた。だが、養分が足りなかったのか、収穫できる数は少ない。1本のキュウリを家族で分けたこともあった。それでも幼少のころ、疎開先の長野で丸かじりしたトマトの味が忘れられなかった。いつか自然に囲まれて暮らしたいという思いもあり、ベランダでの野菜作りを続けた。

1980年代、店がある地区が区画整理される話が持ち上がった。いずれ、どこかに立ち退かなければならない。だが、都内に出店する気にはなれなかった。同時に、疎開先だった長野に移転するつもりもなかった。

常々、「いいところだなあ」と思っていた喜和子さんの故郷大月を新天地に選んだ。

「主人は地方出身者と結婚し、田舎暮らしをするのが夢だったみたいです。一方、東京に憧れていた私は、高校のときから東京で暮らしていました。東京の人と結婚する夢はかないましたが、まさか大月に戻ってくるとは。完全に騙されました」

大月でレストランをやっても流行らないという理由で、喜和子さんは移転に反対した。

「たとえお客様が来てくれなくても、とりあえず野菜を自給自足していれば家族が食うには困らないという話をして、妻を説得しました」

店舗に選んだ土地は荒れ放題。鍬やスコップで開墾して、1年がかりで店舗の隣に約80坪の畑を作り、キュウリ、ナス、トマト、キャベツなど、洋食に必要な野菜を育てはじめた。野菜作りは独学。ときには近所の農家に教えてもらったが、種の袋に書かれている育て方を読み、種を播いた。

「自分たちも食べる野菜なので、

ビーツ、セロリ、セルフィーユなどを使ったパテ・ド・カンパニュ。

農薬を使うつもりはまったくありませんでした。朝起きると、家族総出で空き缶を片手に割り箸で青虫を取り除くのが日課。野菜の無農薬栽培には、いまも空き缶と割り箸が欠かせません」

転居した翌年の1990年2月、洋食店「グリーンテラス」を開業する。特大海老フライやハンバーグなど、英夫さん自慢の洋食には自家菜園産の無農薬野菜が添えられた。しかし、わかりにくい場所にあったこともあり、当初はなかなか客が来てくれなかった。夜は真っ暗だ。

「こんなところにレストランがあるはずがない」と思われ、途中で帰ってしまった人もいた。「あの店は1年も持たない」と陰口を叩く人もいたという。

ところが、当時は郊外レストランが珍しかったことから、テレビなどが取材に来た。おかげで関東近郊から足を運ぶ人たちが徐々に増えていく。

「大月でのんびりやろう」と思っていた英夫さんのもくろみは大ハズレ。ランチタイムともなれば、行列ができるほどの繁盛店に成長した。

野菜は脇役だが主役以上に華を感じる存在

両親は息子に跡を継いでほしいとは思っていなかった。けれど、両親が愉しそうに働く姿を見て、息子も父と同じ道を選んだ。都内で8年修業し、2002年に大月に帰ってきた。

「修業中、たまに実家に帰ってきて食べた父の野菜がおいしかったんです」

英一さんが家業を継ぐことにしたのは、父が育てた野菜で自分の

近所の民家でもらったトウモロコシで作った冷製トウモロコシのスープ ベーコンのクリーム添え。

料理を作りたいという思いもあったのかもしれない。

そして2009年、高松家に転機が訪れた。フレンチレストラン「アルブルヴェール」にリニューアルしたのである。山梨の自然のなか、安らぎに満ちた開放的な空間で、新鮮な野菜をたっぷりと使った料理を食べてほしいと、フランス語で「緑の木」という意味の屋号に改名した。

その後、英夫さんはシェフを退き、野菜作りに専念する。フレンチレストランになったことで、自家菜園で育てる野菜の種類も様変わりした。当初はキャベツやレタスなどの一般的な野菜を作っていたが、徐々に英一さんがフランス料理に使いたいと思う野菜が植えられるようになっていった。

「マスタード、サニーレタス、ズッキーニ、紅芯大根、ミラノ大根(煮込むとサツマイモのような味になる)など、息子から頼まれた野菜を作るようになりました。地元のホームセンターで買ってくる種もあれば、ロマネスコ(カリフラワーの一種)のような特殊な野菜やハーブの種は、息子がインターネットで注文しています」

こうして初めて見る野菜がしだいに増えていった。ただし、栽培方法がわからないものも多く、失敗するものも毎年いくつかあるという。

野菜を自給自足しているレストランでは、一定期間中、同じ野菜を何度も収穫できるように、種を播く時期を一週間ずつずらしている店が多い。ところが、英夫さんは、野菜の大半が苗の時期に虫に食われてしまうため、保険の意味で同じ野菜の種を一度に播くようにしている。

そのため、ほぼ同時期に収穫を迎える野菜が多い。おかげで、

三尺ササゲを収穫する英夫さん。「耕運機が欲しいのですが、妻が許可してくれません。農機を買うぐらいだったら、野菜の種類をもっと増やしなさいと言われるんです(笑)」

「畑を覗かれるお客様が多いのでいつも畑をきれいにしています」と英夫さん。収穫したビーツはパテ・ド・カンパーニュに添えられた。

ちょっと目を離したすきに大きくなりすぎてしまう野菜も少なくない。

取材した8月上旬、英夫さんは、野球のバットぐらいの太さに成長したズッキーニを数本収穫した。

「使い切れないぐらい大量に採れる野菜もあります。腐らせてはもったいないので、息子がお世話になった都内の店に送るようにしています。そうすると野菜のお礼にワインが送られてくることもあるんです」

シェフが変わり、料理も屋号も野菜の種類も変わった。開業当初から変わっていないのは、野菜を無農薬栽培していることと、その野菜を使った料理を提供していることだ。

「フレンチでは野菜を脇役に使うことが多いんです。でも、うちの場合、ただの付け合わせにはしません。魚や肉などの主役を盛り立てるのがうちの野菜なんです。主役をより引き立てられるように、苦味のある野菜や甘みのある野菜などをそれぞれもっとも適した調理法で料理しています」

シェフを引退し、いまは農夫としておいしい野菜作りに専念している英夫さんだが、「自分はこの店の野菜」と言ってはばからない。

「料理は主役だけでは成り立ちません。脇役の野菜も必要です。かといって野菜が自己主張してもいけません。息子が必要な野菜を育てることで、これからも息子を手伝っていくつもりです」

近年、親子3人が思い描いている夢がある。アルブルヴェールをオーベルジュ（宿泊施設つきレストラン）にしたいと願っているのだ。

「まだ場所は決まっていませんが、移転先でも父には野菜作りを続けてもらうつもりです。地方でレストランをやるからには野菜を

店主に教わった絶品メニュー

ズッキーニとナスのテリーヌ

夏野菜のミルフィーユ仕立てに挑戦

① ズッキーニ（５本）とナス（７本）を１cm厚に切り、塩とコショウを軽くふる。
② オリーブオイルをハケで①に薄く塗る。
③ フライパンで②の両面を焼き、タイムの葉をふる。
④ テリーヌ型にズッキーニとナスを交互に重ね、ミルフィーユ仕立てにする。型から１cmほどはみ出すぐらいに重ねる。
⑤ ④重石をし、冷蔵庫でひと晩寝かせる。
⑥ バルサミコ（200cc）を火にかけ、80ccになるまで煮詰めて、バルサミコソースを作る。
⑦ ボウルに⑥とマスタード（10g）を入れ、塩とコショウをする。
⑧ ⑦をかき混ぜながら、オリーブオイル（100cc）を少しずつ加え、もっちりしてきたら完成。
⑨ ⑤を２cmほどに切り、⑧をかける。

ガスパチョ

【各２人分】

夏においしいスペイン風冷製スープ

① キュウリ（３本）、セロリ（１本）、赤ピーマン（400g）、ピーマン（250g）、タマネギ（1/2個）、ニンニク（２片）、トマト（８個）、白ワインビネガー（120cc）、白ワイン（300cc）、トマトジュース（１ℓ）、タバスコ（適量）をミキサーに入れ、滑らかになるまで回す。
② 冷蔵庫で２日寝かせれば完成。

育てないともったいないと思います。買ってきた野菜を料理するだけなら、都心で開業するのと同じじゃないですか」

ドライブがてら大月まで足を伸ばし、雄大な自然を眺めながら、ぜいたくな時間を過ごそう。運がよければ、近くのゴルフ場で採れた黒トリュフを使ったリゾットにありつけるかもしれない。

高松英一シェフと、前シェフで野菜作り担当の父・英夫さん。「ズッキーニは成長しすぎてお化けになっちゃいました（笑）」と英夫さん。

アルブルヴェール

〒409-0501　山梨県大月市富浜町宮谷 1524-3
TEL：0554-23-3130
JR 中央本線猿橋駅タクシー７分
営業時間：11：30～14：30LO、夜 17：00～20：30LO
山梨の雄大な懐に抱かれたレストランで、季節の野菜を使ったコース料理をワインと一緒に味わえる。
昼 2800円～、夜 3990円～（ともに税込）。
定休日：火曜

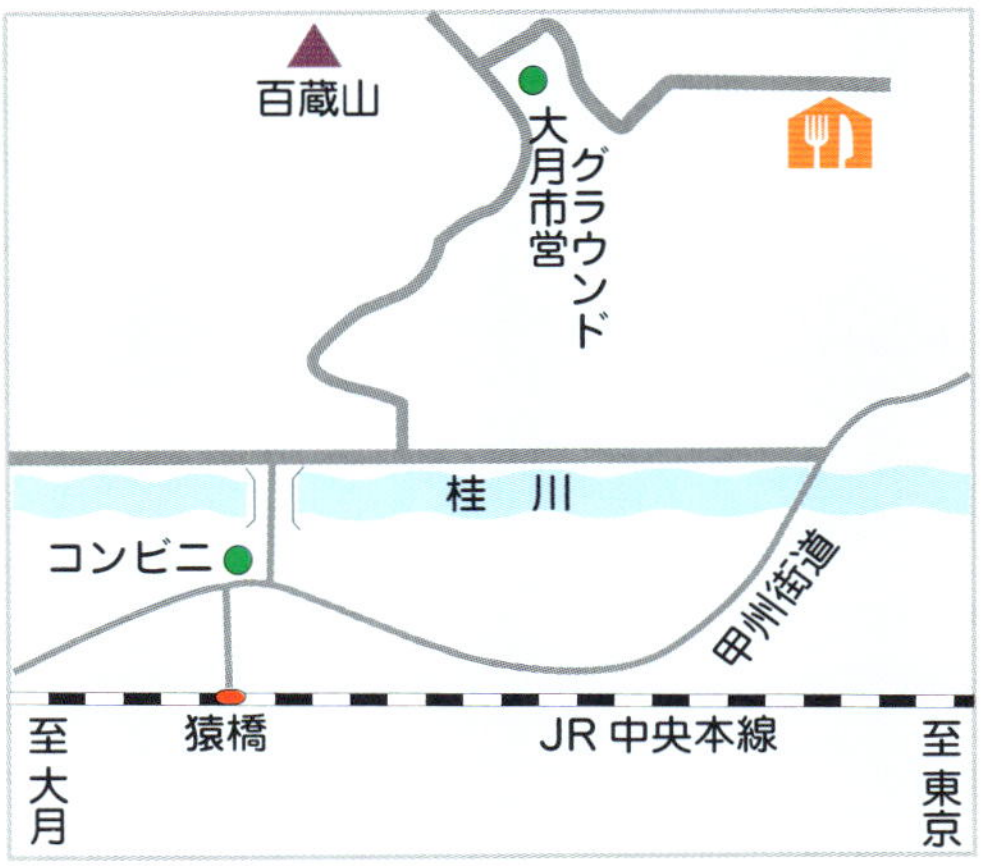

魚の盛り合わせ（タラのグリル、鮭のグリル、海老のミラネーゼ風）。オクラ、ジャガイモ、自家製野菜で作ったラタトゥイユなどが盛られていた。

自家製堆肥で育てた 旬の採れたて野菜を 自然豊かな環境で食す

フルール・ドゥ・ソレイユ　山形県東置賜《おきたま》郡高畠《たかはた》町

農家を継いだものの、冬は雪が積もり、農作業ができない。
趣味と実益を兼ね、19歳のときから毎年冬の間フレンチレストランで働きはじめた。
結婚を期にホテルのレストランに就職したが、休日は両親と一緒に畑に立った。
ホテルの厨房で働きながら、いつも考えていたことがある。
「うちの畑で無農薬で育てた新鮮な野菜を食べてもらいたい」
念願がかない、47歳で独立。農村でのんびりとくつろいでほしいことから、
自宅の庭にあった築150年の蔵を改装して開業した。

親子3代で
先祖から受け継いだ畑で
旬の野菜を育てる

サクランボ、ブドウ、ラ・フランスの産地として知られる山形県高畠町。周囲を山々に囲まれた平地にあり、住みやすく豊穣な土地であることから、まほろばの里と呼ばれてきた。

このまほろばの里に2004年にオープンしたのが、フレンチレストラン「フルール・ドゥ・ソレイユ」である。オーナーシェフは、江戸時代から続く農家の9代目佐藤孝夫さん（1956年生まれ）だ。

ブドウを栽培しつつ旬の野菜を無農薬栽培してきた佐藤さんは、自宅の庭に鎮座する築150年の蔵を改装し、レストランを始めた。

「場所がわかりにくいため迷う方が多く、到着直後はぷりぷり怒っているお客様が多いんです。そんな方に帰り際、『おいしかったです』と言われるのが、いちばん嬉しいですね」

最新ナビを搭載した車であれば迷わずに来られるはずだが、コンビニどころか雑貨屋も酒屋も何もない農村にある。「こんな場所にフレンチレストランが本当にあるのか」と半信半疑なところもあり、すんなりと到着できないのかもしれない。

ところが、店内に入ると趣きは一変する。土壁、天然木を多用した温かい空間、薪ストーブが出迎えてくれるのだ。

メニューはない。予約時に肉か魚かのメイン料理を選んでおくと、ホール担当の治子夫人が、シェフが厨房で仕上げた料理を順番に運んでくれる。

この日（8月下旬）は、サラダに続き、カボチャのスープが登場し

細い道路沿いに鎮座する、この白い蔵がフルール・ドゥ・ソレイユの目印。黄色い看板には屋号が描かれている。この隣に、住居と、蔵を改装した店舗がある。その奥に広がる畑でナスやトマト、ピーマンなどを栽培していた。

た。サラダもカボチャもメイン料理のつけ合わせに使われた野菜も、ほとんどが自家製。自宅周辺に点在する計900坪の畑で採れたものである。

野菜を育てているのは、佐藤さんと母のセイさん。2012年からもうひとり頼もしい助っ人が加わった。三男の史彬《ふみあき》さんである。工業高校の自動車整備学科を卒業した史彬さんが、父の弟子になったのだ。

「親としては好きな道に進んでほしい」と願っていたが、嬉しい誤算だった。「料理人になりたい」と宣言した息子に、父は「料理の仕込みのイロハ」から叩き込むことにした。

「一般的に、野菜であれば皮をむき、包丁で切ることが仕込みだと思われています。でも、私はお客様においしい料理を提供するという一連の流れのなかで、畑を耕し、野菜の種を播くところからすでに仕込みが始まっていると考えています。また、収穫した野菜をきちんと管理することも料理に欠かせない仕込みだと息子に教えています」

野菜の管理も仕込みだと考えるようになったのには理由がある。店を始めたばかりのころ、野菜を凍らせたり腐らせてしまった苦い経験があるからだ。

「ジャガイモの芽が出ないようにするには、リンゴと一緒に袋に入れて密閉するのがいちばんです。白菜は新聞紙に包み、凍らない場所に置いておきます。厳寒期はそのままでいいのですが、暖かくなるにつれ腐りやすくなってくるの

「いろいろな仕事があるなかで、野菜から手作りする料理人ほど面白い仕事はないと思います」と史彬さん。

自家菜園で採れた野菜を使ったサラダには、瑞々しいミョウガの千切りも添えられていた。ミョウガは、店のすぐ近くにある花壇のような場所で育てていた。

四季を通じて自家菜園産の野菜を使ったスープが登場する。夏は写真のカボチャの冷製スープが定番。それ以外の季節は、オリーブオイルで炒めた野菜スープなどが供せられる。

で、半月に一度上の葉をむくと、腐りにくくなります」

レストランは場所ではない。環境である

農家の9代目がなぜフレンチレストランを開業したのか。佐藤さんの経歴を教えてもらおう。

「農業高校の園芸科を卒業し、ブドウ農家を継ぎました。でも、冬は雪が積もり、仕事になりません。料理好きだったこともあり、19歳の冬から毎年4カ月間だけ地元のフレンチレストランで働くことにしました」

季節限定の修業を12年間続け、32歳で結婚。それを機に、地元にオープンしたホテルのフレンチレストランで働くことにした。

ホテルマンになってからも休日は両親と一緒に畑に立ち、ブドウの世話をしたり、野菜を収穫した。そのころ厨房で野菜を料理していて、いつも思っていたことがある。

「うちの野菜のほうが絶対おいしい。ホテルに届く野菜は、いつ収穫したものなのかわかりません。少しぐらい形が悪くても、自家製堆肥で育てた採れたてのうちの野菜のほうがおいしいと思いながら、仕事を続けてきました」

子どものころから野菜は自給自足だった。「うちの畑で採れた野菜を出せれば」という思いを胸に秘めながら、ホテルの厨房に16年間立ち続けた。

47歳のとき初めて渡仏。シャンパーニュ郊外に佇むレストランで食事をしていたとき、レストランは場所ではないことを悟った。

「ごちゃごちゃした街中ではなく、のんびりとした環境にあるレストランで、旬の食材を使ったおいしい料理を提供すれば、お客様

この日、佐藤親子は汗を流しながら、11月に収穫する白菜を植える準備をしていた。

8月下旬に収穫した野菜。ふたりで仕込んだ野菜を厨房に運んだら、今度は調理するための仕込みが始まる。

もきっと喜んでくれるはずだと気づきました」

　コックを始めた19歳のころから、いつか自分の店を持ちたいと憧れていたが、そのためには何をすればいいのか一度も考えたことがなかった。

「シャンパーニュのレストランと出会えたことで、自分が生まれ育った高畠という自然に恵まれた環境と、庭にこんなにいい箱（蔵）があることに気づかされました。自分が育てた新鮮でおいしい野菜で作った料理を、高畠で出せばいいんだと。土を触っていると安らげるし、自然からもらったパワーをお客様に分けてあげたいという思いもあり、レストランを始めることにしました」

　渡仏した翌年の２００３年にホテルを退職。家族の手で蔵を改装した。

「父がホテルで働いていたころから、自分も将来料理人になろうと考えていました」と史彬さんは振り返る。

「蔵の改装を手伝ったことで、その思いはより強くなっていきました。これまで東京で働きたいと思ったことは一度もありません。この土地が好きなんです。野菜作りが手間だとは思わないし、苦にもなりません」

　父の指導のもと、史彬さんは野菜の仕込みのイロハを日々叩き込まれた。無農薬栽培のためのノウハウもそのひとつだ。

　たとえば、このあたりでは4月ごろアブラムシが大量発生する。植えつけの時期をずらすことでアブラムシの害を減らそうとしている。虫に食われるのであれば、作付面積を増やせばいい。

　堆肥は、牛糞と米糠を混ぜ、畑の脇で寝かせて発酵させる。その隣の畑ではカボチャを栽培してい

カボチャを収穫中の佐藤孝夫さんと史彬さん。「このあたりは猿が多く、カボチャがよく狙われるので、畑にネットを張っています。収穫期が近づくにつれ、雑草を伸ばしているのは、猿にカボチャを見つけられないためでもあるんです」と佐藤さんは説明する。

た。大きくなるまでは雑草を抜くが、収穫時期が近くなると雑草を伸ばすことにしている。雑草のおかげで太陽が当たりすぎず、カボチャが傷みにくくなるからだ。水をあげていないため、雑草が一定の湿度を保つ効果もある。

史彬さんは、父に教えてもらったことを農業日誌に書き留めている。記録に残しておけば翌年以降に役に立つからだ。

「仕事は面白くないと続きません。親の押しつけではなく、史彬は史彬なりに仕事のなかに愉しみや喜びを発見しているようです」（佐藤さん）

野菜は雪の下で寝かせるとより甘みが増す

佐藤さんは2010年に自然界の謎を発見した。結果的には怪我の功名だったのだが、どんな失敗だったのか告白する。

「高畠では毎年12月に雪が降りはじめます。あの年は、雪が積もる前に収穫できなかった野菜がありました。雪を被った野菜は凍ったり、味が劣化すると思っていたんですが、雪を掘り返して収穫した野菜は、通常のものよりも甘みがあり、まろやかな味になっていました。それ以来、晩秋から初冬の間の、野菜の育て方を変えることにしたんです」

11月中に使用する野菜は、蔵や店の2階に保管する。12月以降に使う野菜は収穫後、店の裏にある畑に埋め直し、雪の下で寝かせる。大根や白菜などは収穫せず、そのまま雪の下に保管することにした。

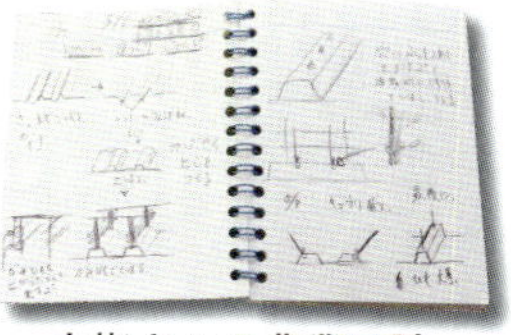

史彬さんの農業日誌。

取材にうかがったのは8月下

自分で育てた新鮮でおいしい野菜を自分の手で調理し、客に食べてもらう。ホテルマン時代に思い描いていた夢を、息子と一緒に故郷高畠で実現した。

旬。トマトやピーマン、オクラなど、夏野菜が中心の料理をご馳走になった。そのせいか筆者には、雪が降り積もった高畠の風景や、その畑でどんな野菜を自給できるのか、まったく想像できなかった。

佐藤さんによれば、100%自給は無理だとしても、雪の下大根や雪の下白菜のほか、晩夏から晩秋に収穫したジャガイモ、タマネギ、カボチャなどの野菜を使ったフランス料理を提供しているという。

「夏に採れたキュウリを甘酢に漬け込んだピクルスもあります。トマトやズッキーニ、ナスで作ったラタトゥイユも冷蔵保存しているので、根菜類を使ったフランス料理と一緒に食べていただきます」

最後に、これからフルール・ドゥ・ソレイユをどうしたいと考えているのか、佐藤親子に尋ねた。

史彬さんの希望は畑を広げることだ。その理由は、ここは猿が多いため、猿が食べないニンニクをもっと栽培したいからだ。

佐藤さんの夢はいくつかある。息子がより上のレベルを目指すのであれば、外で修業してほしいと望んでいる。どこで修業するにしても、その根底には野菜作りがあるというのが、オーナーシェフとしての矜持だ。

「ずっと先のことかもしれませんが、史彬が結婚し、史彬の嫁と一緒に家族4人で店ができれば最高です。その先に、2号店を持つ夢もあります。店の周辺で野菜を作れる環境で、こういう空間がある場所に2号店を開くのが、私の夢です」

ひとり治子夫人だけが、夫の夢に異論を唱える。

「私としては、山形市内に開いてくれると嬉しいんですけどね

店主に教わった絶品メニュー

洋風だし

山形に伝わる伝統的な料理を作る

【2人分】

① キュウリ(1/2本)、紫タマネギ(1/4個、タマネギでもよい)、トマト(中玉1個)、ミョウガ(1個)、ナス(小1/2個)、大葉(2枚)を5mmくらいのサイコロ状に切る。

② ①を混ぜ合わせ、オリーブオイル(大さじ2)、ホワイトビネガー(大さじ1。酢でもよい)、塩(少々)、ブラックペッパー(少々)を加えて混ぜる。塩加減を調整しながら、最後にレモン汁(少々)を入れれば完成。

「だしは、山形に伝わる夏に欠かせない料理です。醤油ベースで作り、ご飯や冷奴にのせて食べるのですが、うちでは洋風にアレンジしたものを使っています。焼き魚やソテーした鶏肉にのせて、食卓に彩りを添えてください」と佐藤さん。

え。『店が街中にあればいいのに』とおっしゃってくださるお客様も多いんですよ」

夏野菜を使った爽やかで、色とりどりのフランス料理は経験させてもらった。今度は雪が降り積もった高畠で、雪の下大根や雪の下白菜で作るフランス料理がどんな味なのか、薪ストーブが燃える暖かい蔵のなかで体感したい。

開業当初は妻でホール係の治子さんとふたりで客をもてなしていた。2012年の春、高校を卒業した史彬さんも加わり、いまは家族３人で運営している。

フルール・ドゥ・ソレイユ

〒 992-0341　山形県東置賜郡高畠町時沢 527
TEL：0238-52-1155
JR 山形新幹線・奥羽本線赤湯駅タクシー 10分
営業時間：昼 12:00〜14：00、夜 18：00〜20:00（要予約）
予約時に料理の内容を尋ねられるので、食べたいものを注文しておくと、来店時は座っているだけで済む。
昼 1730円〜、夜 3500円〜（ともに税込）。
定休日：不定休

夏野菜とヒラメのムニエル。
左からスイスチャード、グリーンピース、花ズッキーニ(グリーンと黄色)、卵型ズッキーニ(グリーンと黄色)。中央がルッコラ。

トマトだけでも50種類
野菜をアートするレストラン

レストラン土手　岡山県井原市

「野菜の種類で日本一のレストランになるのが夢」
と宣言するシェフが岡山県井原市にいる。
畑の広さは400坪。2001年の開業以来、
毎年5～10種類ずつ増やし続け、
現在年間200種類の野菜を無農薬栽培している。
毎月40種類の野菜を使った西洋料理を
食べさせてくれるレストランへお連れする。

クモやカエルがいる畑だからこそ無農薬栽培ができる

自宅兼店舗の裏にある400坪の畑で野菜やハーブのほか、キイチゴやブラックベリーなどの果実、店内に飾る花を無農薬で露地栽培しているシェフがいる。「野菜の自給率は95％。旬を追いかけ、露地物だけを育てています」と胸を張るのは、西洋料理「レストラン土手」（岡山県井原市）の山《やま》足誠《あしまこと》さん（1954年生まれ）だ。

「マルチシートの代わりに落ち葉やわらを畑に敷いています。おかげで雑草が生えないばかりか乾燥も防げ、カボチャなどを傷つけない効果もあります。そのまますき込めば堆肥になるので、一石二鳥です」

とはいえ、400坪の畑に必要な落ち葉の量は半端ではない。そのため毎年5月ごろ、軽トラックで近くの裏山に落ち葉を拾いに行くのが、山足シェフの恒例行事だ。

「山の側溝が狙い目です。石などが側溝に落ちているせいで、雨が降ると落ち葉が側溝にたまっています。5月ごろの落ち葉は秋よりもカサが10分の1程度に減っているので、数カ所回ると、落ち葉を大量に集められます」

生ごみはコンポスターに入れ、野菜屑や剪定した庭の木の枝も土に返す。川原に生えている葦も利用する。初夏には、川原で刈ってきた葦を細かくきざんで畑に撒く。硬い葦も、秋には土になっているという。

近くの農家で分けてもらう籾殻も大切に使っている。籾殻は虫がつきやすいことから、農家では燻炭にすることが多い。けれど、山足シェフは秋から冬にかけて籾殻をそのまま畑に撒く。

（左上）毎年近所の稲作農家から、段ボール箱200箱分の籾殻をもらってくる。（左下）籾殻を畑に撒くことでクモが増え、それを狙うカエルが棲む畑になる。その恩恵で無農薬栽培が続けられるのだ。（右）「人参はもっと大きくなるまで育てますが、僕はこのサイズを使いたいんです」と山足誠さん。後ろに見えるのが、山足さんが情熱を注いできたトマト専用の畑だ。

「籾殻や落ち葉、わらを敷くと、畑に微生物がわき、それを狙ってクモがいつくようになります。そのクモをカエルが食べる。農薬を撒くと人間は楽ができるし、収穫量も増えますが、虫を殺すとクモもカエルもいなくなります。僕が無農薬で野菜を作れるのは、クモやカエルがいるおかげです。でも、アマガエルやトノサマガエルなど4種類のカエルがいるので、夜は鳴き声でやかましいんです」

田舎暮らしをしている人にはうるさく聞こえるのかもしれないが、都会に住む人からすれば、久しぶりに聞くカエルたちの大合唱は案外心地よいものだ。

野菜の個性を活かしたいのであまり手を加えない

いまでこそ農夫の顔も持っているが、この店を始めるまでは農業の知識も経験もほとんどなかった。高校卒業後、調理師学校で1年間勉強し、外資系ホテルに就職。厨房で働きはじめた。

２００１年に人生の節目が訪れる。ドイツ人シェフを補佐する副料理長だった47歳のとき、家庭の事情で急きょ、井原の実家にUターン。27年働いたホテルを後にしたのである。

料理人の集大成として故郷で店を開業するつもりだった。けれど、飲食店が生き残るためには、客にアピールするための個性が欠かせない。

「何か新しいものを取り入れる必要がありました。でも、井原には観光もなければ魚も獲れません。僕にあるものといえば、築１４０年あまりの生家と４００坪の畑だけでした」

家庭菜園の本をひもとき、野菜

（左）黄色人参、洋人参、甘紫人参、アーティチョーク、ズッキーニ４種。
（右）「ここにある野菜がうちの生命線です」と山足シェフ。収穫した野菜はシャーベット用の容器に入れ、冷蔵庫で大切に保管している。

作りを始めることにした。その半年後、生家を改装して店を開業。実家の屋号である土手を店名に選んだ。

野菜はそのまま食べてもおいしいことを、自分で育てて初めて知った。それまで、野菜はソースやブイヨン（だし）で味をつけないと食べられないものだと信じていたのである。

「私はカリフラワーが大嫌いでした」と苦笑いするのは、接客を担当している朱実《あけみ》夫人である。

「カリフラワー特有の、あの臭いがだめなんです。井原に引っ越してくる前、まだホテルで働いていた主人に、カリフラワーの味を消すレシピを教えてもらったことがあります。ところが、主人が無農薬で育てたカリフラワーを食べたとき驚きました。ゆでただけのカリフラワーがあんなにおいしいとは思いませんでした」

夫が丹精込めて育てた野菜の価値を認める朱実夫人だが、理解できないことがひとつだけあった。

土手では、年間を通してコース料理に色とりどりの40種類の野菜を使うことにしている。一皿に10種類ほどのガロニ（つけ合わせの野菜）を盛りつけるのだが、ズッキーニも人参もタマネギも、まるで間引いたような大きさなのだ。

なぜこの人参は鉛筆のように細いのか。どうしてこんなに小さなズッキーニが盛られているのか。誰もが気になるはずだ。

「なぜうちには大きな人参がないの」と朱実夫人は夫に尋ねた。

「僕は、大きく育った野菜にはあまり魅力を感じないんです。せっかく自分で育てているのだから使いたいサイズに成長したものから随時収穫し、いまが旬の、野菜のその形を使うことにしています。お客様にも野菜の個性を見てほし

（左）玄関やテーブルには、庭と畑で育てた花や野山で摘んできたものが飾ってある。（中央）生け花はホール係でもある朱実夫人の担当。（右）「野菜の多いイングリッシュガーデンが目標。食べるだけではなく、見せるために育てている植物も多いんです」と山足シェフ。ジキタリスやカンパニュラ、ユリ、グラジオラスなど、年間200種類以上の花を庭と畑で栽培している。

い。農家は規格品の野菜を出荷しますが、僕が作る野菜のほとんどが規格外品の、B級品です」

大きくなりすぎた人参はきざんで使うようにしている。けれど、ルッコラ(ハーブの一種)やスイスチャード(カラフルな葉野菜)などは、発芽してから間もない双葉をサラダ感覚で料理に添える。接客担当の朱実夫人の説明がなければ、誰もがカイワレ大根だと思うはずだ。

双葉に育ったものからすぐに摘むため、ルッコラやスイスチャードは1週間間隔で畑のあちこちに種を播く。「ちょこちょこ植えて、ちょこちょこ収穫する」のが、山足シェフの流儀だ。

熱を加えるものは、軽く塩ゆでするだけでほとんど味をつけない。サラダはレモンと塩だけで供している。ドレッシングやマヨネーズをかけると、すべて同じ味になってしまう。たとえどんなに小さい野菜でも、それぞれに味がある。手を加えれば加えるほど、豊かな野菜の個性を殺してしまうと考えているからだ。

「すき焼きのなかの野菜のように、どれも同じ味にはしたくありません。それぞれの野菜の味の違いをわかっていただけるように料理しています」

野菜の栽培品種
日本一の店になるのが
料理人としての夢

山足さんにはシェフと農夫に加えて、もうひとつベジタブルアーティストという顔がある。

「僕は野菜をアートとしてもとらえているので、料理に色が欲しいんです。絵を描くなら、12色の絵の具よりももっとたくさんの色が欲しくなりますよね。僕の場

(左) トマトの栽培品種の数ではおそらく日本一のレストラン。収穫時期が異なるため、すべての品種が一堂に会することはないが、トマトにこれほどいろいろな品種があることに驚かされる。
(右) ヒレステーキ新タマネギとともに。2種類のジャガイモ、4種類の人参、2色の空豆、キヌサヤ、スナップエンドウ、オカヒジキ、オータムポエムが添えられている。

合、いろいろな色の野菜を皿に盛りつけたいんです」

初めて育てた野菜は70種類だった。開業以来、300種類を作ってきた。いらないものは畑から消え、2013年11月現在、年間200種類を栽培している。なかでもとくに山足シェフが入れ込んでいる野菜がある。トマトだ。

2008年の初夏、筆者が初めて土手を訪れたとき、トマトの品種は29種類だった。トマト農家でもこれほど多品種を育てている人はまずいないだろう。

その後もトマトの数は増え続け、二度目の取材をした2011年以降は毎年50品種育てている。

トマトは連作を嫌うため、専用の畑(約40坪)を3つに分け、連作しないように気遣ってきた。専用の腐葉土も用意している。裏山で集めた落ち葉を1年半寝かせて作った腐葉土を毎年3月にすき込み、元気に育ってくれることを心待ちにしているのである。

すべてのトマトが一度に熟れることはないが、過去に30種類のトマトをコース料理に使ったことがあるという。

「マイクロトマト以外はすべて皮をむきます。トマトの季節になると私もかり出され、主人とふたりでひたすら朝から皮をむいています」(朱実さん)

それにしてもなぜ、それほどト

大量に使用する野菜は自分で種子採りをし、瓶に入れて保管している。

(左) アミューズ。ハリイカとアイナメ 梅ドレッシング。立っている赤い野菜はラディッシュの仲間のロングスカーレット。
(右) 6月に収穫した野菜(一部)。オカヒジキ、オータムポエム、紅空豆、黄色人参、洋人参、甘紫人参、パープルパープル。

マトにこだわるのか。

一般的に夏がもっとも野菜の種類が豊富になる。この連載で取材したレストランの大半がそうだった。ところが、土手の畑は、夏になると虫や天候の影響で葉菜類の種類が激減するというのである。

「そのため夏は、ナスとキュウリぐらいしか満足に収穫できません。野菜の確保が難しいこともあり、彩りが豊かで、形がユニークなトマトに執着するようになっていきました。いま思えば、ちょっと入れ込みすぎたかなあと少し反省しています」

土手の場合、害虫が減り、葉菜類が虫に食われる心配が少なくなる秋から冬の間が、野菜の種類がもっとも豊富になる。

ブロッコリー、カリフラワー、ナバナ、スイスチャードに加え、レタスは6種類、大根は赤や青、紅色、紫色など7種類を育てている。そのおかげで、土手の料理には夏よりも冬のほうが、色とりどりの葉菜類や根菜類が登場する。ほかの自家菜園のあるレストランでは見られない傾向である。

「毎年冬は50種類の野菜を収穫しています。霜が降りても昼前には溶けるので、厳冬期でも野菜は元気です」

山足シェフには夢がふたつある。ひとつはベジタブルアーティストとして、畑で採れた野菜の写真集を作ることだ。その夢は2010年にかなった。友人でカメラマンの中元紀子さんが、4年半撮り続けた野菜の画像をまとめた写真集を、フォトブックで制作してくれたのである。

その翌年、山足シェフは畑を紹介するブログを始めた。夫婦で撮った畑の写真に、朱実さんが綴った文章を掲載している。初めて見る野菜も多く、どんな味なのか気

店主に教わった絶品メニュー

簡単ラタトゥイユを使ったトーストピザ

朝食にぴったりの簡単メニュー

【2人分】

① パプリカ（1個）、ズッキーニ（1/2個）、タマネギ（1個）を食べやすい大きさに切る。
② ①をオリーブオイルを引いたフライパンで炒め、塩と白コショウをかける。
③ タマネギがしんなりしたら、ケチャップ（大さじ1）とレモン汁（適量）をかければ、簡単ラタトゥイユの完成。冷めたら密閉容器に入れる。冷蔵庫で3日ほど保存できる。薄味に仕上げるのがコツ。ケッパーやハーブを入れてもおいしい。
④ パンに少量のオリーブオイルを塗る。その上に③、細切りにしたベーコン、ピザトースト用のチーズをのせ、パルメザンチーズをかける。オーブントースターで4分ほど焼けばトーストピザのでき上がり。

になる人も多いだろう。

もうひとつの夢は何か。山足シェフに尋ねた。

「野菜の種類で日本一のレストランになるのが僕の夢です。春先の端境期を埋める目的もあり、毎年5種類から10種類ずつ数を増やしてきました。いまでも、種苗会社が新しい品種を開発したと聞きつければすぐに飛びつきます。ありがたいことに、近ごろは野菜が目当てのお客様が少しずつ増えてきました」

肉はどこででも食べられる。だが、土手の野菜はここでしか味わえないという理由で、肉を残しても野菜は平らげて帰る人もいる。

毎月足を運べば、いまが旬の、個性あふれる野菜を40種類味わうことができる。あえて野菜の名前を教えてもらわず、自分の舌でその名前を当ててみる……。そんな野菜料理の味わい方と愉しみ方も、土手ならできそうだ。

「野菜そのものの味を知ってほしいので、味つけは軽く塩を入れる程度。ひと皿に10種類の野菜を盛りつけるので、それぞれの味の違いをわかってもらえると嬉しいです」

レストラン土手

〒715-0022　岡山県井原市下出部《しもいずえ》町 170

TEL：0866-62-3822

井原鉄道井原線いずえ駅下車徒歩 5 分

営業時間：昼 11:30〜13:00、夜 17:30〜19:30（おまかせコースのみの完全予約制）

野菜尽くしの西洋料理を存分に愉しませてくれる。

食事の前後に畑を見学する人も多い。

昼 5500円〜、夜 11000円〜（ともに税・サ込）。

定休日：不定休

岩出市郊外の住宅地にあるヴィラ・アイーダ。店舗の裏手が畑だ。

自前の畑で育てた
無農薬野菜を使ったイタリア料理

ヴィラ・アイーダ　和歌山県岩出《いわで》市

アクセスが悪いにもかかわらず、京都や大阪方面からの客足が絶えない
イタリアンが、和歌山県岩出市にある。イタリアの修業先では、
広大な自家菜園で四季折々の野菜を育てていた。修業先での影響もあり、
兼業農家だった実家の近くに出店し、店の周辺に点在する畑で野菜作りを始めた。
シェフの父が育てた和の野菜と、
シェフ自身が作った色とりどりのヨーロッパ原産の野菜をふんだんに使った
イタリア料理が、客のお目当てなのだ。

わざわざ来てもらうため野菜料理を店の名物に選んだ

イタリアの郊外をドライブしていると、「よくもこんな片田舎に」と思いたくなるような人里離れた場所に、名物料理を食べさせてくれるレストランがある。

「私が修業したイタリアの店も、街から少し離れた場所にありました。独立したら、自分もわざわざ来てもらえるような店をやりたいと思い、大都市ではなく、生まれ故郷で開業することにしました」

こう語るのは、和歌山県岩出市にあるイタリアレストラン「ヴィラ・アイーダ」のオーナーシェフ小林寛司《かんじ》さん（1973年生まれ）である。

ヴィラ・アイーダが岩出市郊外にオープンしたのは1998年12月。当時の屋号は「リストランテ・アイーダ」だった。

岩出市は、関西国際空港（1994年開港）から近いこともあり、近年宅地開発やマンションの建設などが進み、人口も増加している。とはいえ、2007年に宿泊施設が完成し、ヴィラ・アイーダとしてリニューアルしたいまも、アクセスは悪い。車がなければ、最寄りのJR和歌山線岩出駅からタクシーを利用するしかない。

それでも大阪や京都方面からも大勢の客が足を運んでくる。それは、料理に特徴があるからだ。小林シェフが育てた旬の野菜を使ったイタリア料理を食べさせてくれるのである。

「店や料理に魅力がないと、都会から足を運んでくれません。そのためにも、店の近くに点在する畑で野菜を無農薬栽培しています。農薬は身体によくないし、嫌な苦味が残るので、農薬も化成肥料も

「せっかく畑があるので、自分で育てた、ここにしかない野菜を食べてほしいんです」と語る小林寛司シェフ。念願のオーベルジュを2007年に始めた。

厨房の勝手口から出入りができる裏庭の畑（約50㎡）では、使用頻度が高いハーブを中心に、野菜も育てている。

使っていません。ただ、発芽したばかりの芽を虫に食べられるとつらいので、キャベツやビエトラ（66ページ参照）のように、秋ごろ苗のときに一度だけ農薬を撒く野菜もあります」

ヴィラ・アイーダの畑は、秋口から11月末ごろまでが端境期だ。自家菜園で採れる野菜の種類が少ないこの時期だけは、地元の契約農家が育てた無農薬野菜（あるいは減農薬野菜）を使っている。

「端境期以外は、野菜をほぼ自給しています。収穫した野菜で料理を考えるので、そもそもよそで買ってくる必要がないんです。このあたりの土の特性なのか根菜類は作りにくいのですが、年間を通して何かしら野菜を栽培できます」

野菜が名物であることをアピールするため、料理名を「野菜のコース」と命名した。もちろん、食材は野菜だけではない。ブランド肉や地元和歌山産の魚も愛用している。それでもブランドものではない自家菜園で採れた無農薬栽培の野菜が、ヴィラ・アイーダの主役だ。肉や魚介類は、野菜の味を引き立たせるための脇役だと、小林シェフは考えている。

「料理を考えるときは、うちの野菜と相性がよい魚や肉を選ぶように心がけています」

小林シェフが野菜作りを始めたのは、4年間のイタリア修業の影響だった。

修業先の影響で自家菜園を作り農業を始めた

調理師学校卒業後、大阪のイタリアレストランで2年修業。21歳でイタリアへ渡る。ヴェネト州やロンバルディア州、トスカーナ州

数カ所に点在する畑のなかで、店（正面）から二番目に近いこの畑では、空豆や黒大根、黒キャベツなどを育てていた。周囲は住宅地なので、農薬が飛んでくる心配はほとんどない。

など、修業した6店舗中、5店舗で野菜やハーブを栽培していた。

ただし、小林シェフによれば、野菜を自給するレストランはイタリアでも一般的ではないかもしれないという。

「でも、修業先のシェフからすれば、野菜を作ることはごく自然でした。とくに、最後に1年1カ月修業したカンパーニュ州ソレントにある『ドン・アルフォンソ1890』(当時ミシュラン三つ星)で受けた影響は大きかったと思います。広大な自家菜園があり、いろいろな野菜を育てていました。夏大量に収穫するトマトは水煮にし、瓶に入れて保存します。『うちの畑で採れた野菜があるから、自分の料理が作れるんだ』という自負がシェフにあったのでしょう。買ってきた野菜では物足りなかったのかもしれません」

イタリア修業を終え、1998年に帰国。東京や大阪に店を持つつもりはまったくなく、実家のそばへの出店を決め、店舗設計を始めた。

そのとき真っ先に考えたのが、裏庭に畑を作ることだった。店舗設計開始とほぼ同時期、ローズマリーやセージ、タイム、オレガノなどのハーブの種を裏庭の畑に植えた。念願だった野菜作りを始めたのは、新店舗の立ち上げが一段落した3年目の2001年からだ。

「最初に植えたのはラディッキオ(チコリ、トレビスの一種)やったかなあ。売っているようなものはできなかったけど、赤くてそれらしいものが採れました。店で出したかどうかは、まったく記憶にありませんね」

野菜作りを始められたのは、実家が兼業農家だったという利点が大きい。父親が使っていない畑に種を播いたのだ。それまで野菜を

3月下旬に収穫した菜園野菜(一部)。小林シェフは黒大根や黒キャベツ、パリジャンキャロット(欧州品種の丸い人参)など、あまり一般的ではない野菜を好んで栽培している。

育てた経験はない。イタリアの修業先には野菜作りの専任者がいたので、シェフや小林さんのようなコックが農作業に従事することはなかった。

当初は試行錯誤の連続だったはずだが、いまでは約1500坪の畑で年間約60種類の野菜と約20種類のハーブを栽培している。

「父が桃太郎（トマトの一種）やキュウリ、春菊、白菜、大根など、和の野菜を作ってくれるので、私はおもにヨーロッパの野菜を育てています。種はイタリアでも買ってきますが、ネットで購入することが多いですね」

自家栽培だから サイズも収穫時期も 自分で選べる

2012年の4月上旬は、インゲン、ズッキーニ、冬瓜、トマト（サンマルツァーノ、イタリア品種の楕円形タイプと丸いタイプなど5種類）、ナス（千両ナス、水ナス、イタリア品種など6種類）の種を播いた。

冬瓜は、煮込み料理のほか、デザートにも使う。ズッキーニは、花を摘んでフリット（イタリア風天ぷら）などにするものと、実を収穫するものの2種類を栽培している。

自然が相手なので栽培計画は毎年不確定。2011年は台風12号の影響で、アーティチョークが倒れた。

エストラゴン（ハーブの一種）は何度植えても枯れてしまう。土を変えても植える場所を変えても、これだけはうまくいった試しがない。しかし、それ以外は、野菜にしろハーブにしろ種を播く時期を調節し、自然災害さえなければ、毎年順調に収穫している。

店主に教わった絶品メニュー

ビエトラのスープ

南ヨーロッパ原産の葉野菜を使った一品

① 鍋に鶏ガラスープ（市販品でも可）を沸かし、ザクザクと切ったビエトラ（適量。ホウレン草やキャベツ、チンゲンサイなどでも可）、コリアンダー、塩を入れ、ざっくりと煮る。
② 軟らかくなったら、オリーブオイル（適量）を加えれば完成。

「野菜を小さく切りすぎないでください。人参などの好きな野菜を入れれば、ボリュームが出ます」と小林シェフ。

「トマトはビニールハウスと露地で育てていますが、形がいいものはなかなかできません。でも、味が濃厚なのでソースに使っています。キュウリもまっすぐなものは1割も採れませんが、農家と違い、野菜をそのまま売るわけではないので、きれいな形でなくてもいいんです。昔ヨーロッパなどから空輸されていた輸入野菜は鮮度が悪く、高価でした。国内で西洋野菜を作っている農家も増えてきたけれど、自分で育てた無農薬野菜を使ったイタリア料理を食べてほしいんです」

野菜を手作りするのは、コストや鮮度だけが動機ではない。収穫時期や形、サイズが料理人にとって重要なのである。

一般的に、大半の人が大きな野菜を収穫したいと望んでいる。ところが、小林シェフはそうではない。小さいときに摘みたいと思っている野菜もある。

「たとえば、小さくて可愛らしいズッキーニが皿に盛られてきたら、感動してくれるのではないでしょうか。自前の畑がある最大のメリットは、育てる品種はもちろん、収穫の時期も自分で好きに選べることだと思っています。せっかく自分の畑があるんだから、大きさ、形、品種など、うちにしかない野菜を育てたいんです」

定休日は暗くなるまで畑の世話をしている。営業日は朝から畑を回り、午前中に収穫する。ときに例外もある。料理中、野菜が不足したり、必要なハーブがあると、厨房の勝手口から出て行って、裏庭の畑で摘んでくるのだ。

ハーブ、ポワロー（西洋ネギ）、ラディッキオ、アーティチョークなどを植えた裏庭の畑を含め、自家菜園は歩いて数分のところにある。だからこそ、ヴィラ・アイー

春先に播いたヨーロッパ野菜の種。種はおもにネットで購入し、春播き用と秋播き用に分けて保管している。

菜園野菜で作ったバーニャカウダソースや、和歌山の果物を加工したジャム、小林シェフが愛用しているオリーブオイルなどを店に隣接する「ル・ピリエ」で購入できる。

ダならではの野菜のイタリア料理を提供できる。

味つけはシンプル メインの主役は 黒キャベツ

その野菜を使った小林シェフの料理はきわめてシンプル。味つけはオリーブオイルと塩が基本だ。それだけに、野菜の滋味を存分に堪能できる。

この日食べたなかでは、ランチコースの追加で頼んだバーニャ・カウダがもっとも衝撃的だった。「この料理に使う野菜は採れたてがいちばん」という理由で、自家菜園で収穫したばかりの野菜が盛られていた。

新タマネギのグラタンは絶品。きざんだタマネギを10分ほど丁寧に炒めてグラタンに仕立てたというのだが、「これが新タマネギか」とわが舌を疑いたくなるほど甘みを帯びている。

メイン料理は白金豚と黒米、黒キャベツ。この皿では、自家菜園産の黒キャベツが主役で、岩手が生んだブランド豚の白金豚は黒子だ。

「しっかり焼いて塩をしただけ」と小林シェフは説明するのだが、黒キャベツがこれほど滋味あふれる野菜だとは思わなかった。

パンには、ヨモギを練り込んでいる。和のハーブともいうべきヨモギを使ったパンをちぎった瞬間、春の香りが鼻腔をくすぐった。

残念ながら、この日は食べることができなかったが、ニョッキがヴィラ・アイーダの名物だ。修業先のドン・アルフォンソ1890のスペシャリテを小林シェフは受け継いでいる。

そのニョッキに使うジャガイモはもちろん、自家菜園製。小林シ

4月上旬のランチに登場したメインディッシュの白金豚と黒米、黒キャベツ。自家製の黒キャベツを引きたたせるため、小林シェフは岩手のブランド豚、白金豚を選んだ。

ェフが愛情込めて育てたジャガイモで作るニョッキはどんな味なのか。日本で、あるいはイタリアで食べられてきたニョッキとどこがどう違うのか。

　そしてもうひとつ。その料理には、色とりどりの野菜も添えられているのかどうか……。

　それを知るためだけに、飛行機や鉄道、バスを乗り継ぎ、和歌山へ馳せ参じたい。期待以上の料理を味わせてくれるはずだ。

自家菜園で採れたカステルフランコやラディッシュ、プンタレッラなど、色とりどりの瑞々しい野菜がたっぷりと盛られた菜園野菜のバーニャ・カウダ。シンプルな料理だからこそ鮮度がいちばん。

ヴィラ・アイーダ

〒649-6231　和歌山県岩出市川尻 71-5
TEL：0736-63-2227
JR 和歌山線岩出駅下車タクシー５分
営業時間：昼 11：30〜13：30LO、夜 18：00〜21：00LO（ともに要予約）
アミューズからデザートまで、心を満たしてくれる料理の数々が登場する。追加メニューだが、旬の野菜の味を満喫できるバーニャ・カウダ（２名分 1400円・税別）はぜひ食べて帰りたい。
昼 4000円〜、夜 7000円〜（ともに税別）。
定休日：月曜

トリッパのトマト煮。軟らかくなるまで4時間ほど煮込んだトリッパと、赤軸ホウレン草を使った煮込み料理。赤ワインが欲しくなる。

露地栽培の旬の“鎌倉野菜”を提供するイタリアン

オステリア ジョイア　神奈川県鎌倉市

このイタリアンレストランのオーナー・ソムリエは、鎌倉野菜の産地として
知られる、JR 大船駅の北西にある畑で野菜を無農薬栽培している。
そのため出勤前に欠かせない日課がある。地下足袋姿でトラクターを操り、
野菜の世話をしているのだ。剪定バサミで収穫した野菜を
愛用の軽トラックに積み込み、由比ヶ浜にある店へ向かう。
オーナー・ソムリエとシェフがタッグを組んだ、
ワインが進む、野菜がおいしいオステリア(居酒屋)へようこそ。

客や料理人が連日来て畑仕事に参加する

近年、大船駅(神奈川県鎌倉市)の北西に広がる畑で育った鎌倉野菜が脚光を浴びている。鎌倉の地野菜を仕入れるため、わざわざ都心から足しげく通う料理人が後を絶たない。

鎌倉市内にある「オステリアジョイア」も、鎌倉野菜を使ったイタリア料理を売り物にしているレストランのひとつだ。そのなかでこの店がよそと異なるのは、鎌倉野菜と同じ産地にある300坪の自家菜園で無農薬栽培した野菜を使っているところにある。

昼と夜の営業用に野菜を収穫するため、飯田博之さん(1959年生まれ)は、毎朝9時ごろから11時ごろまで畑仕事をした後、野菜を積んだ愛車の軽トラックで店に出勤する。剪定バサミで野菜を収穫し、地下足袋でトラクターを運転するこの人を、誰もイタリアンレストランのオーナー・ソムリエだとは思うまい。

取材に訪れた4月中旬は、カーボロネロ(黒キャベツ)、赤軸ホウレン草、アヤメユキカブ、赤カラシに加え、数種類のハーブを収穫した。

「野菜の花も摘んで帰ります。花屋には並んでいない花をテーブルに飾ると、花好きなお客様が喜んでくれるんです」

ローズマリー(ハーブの一種)やコールラビ(キャベツの一種)の花を摘み終わったころ、佐藤千熙《ちはる》さんと永藤求《ながふじもとむ》さんが畑に登場した。いずれもジョイアのスタッフではない。佐藤さんは前月に調理師専門学校を卒業したばかりの18歳。もともと野菜に興味があり、ジョイアで食事をしたことがきっかけ

鎌倉野菜の産地として知られるこの地で、20年前から野菜の無農薬栽培を続けてきた飯田博之さん。いまではすっかり地下足袋姿が板についた。

で野菜作りを手伝うようになった。

永藤さんは、都内の有名イタリアンレストランで働く、料理人歴9年目のコックだ。将来自分で自家菜園レストランをやりたいという思いもあり、店の定休日を利用して野菜作りを勉強しにくる。

「うちの畑には毎日いろいろな人が見えます。永藤君のような料理人やシェフはもちろん、お客様も来ます。とくにお客様の場合、最初は見ているだけだった人が、次回からは長靴持参で来るケースが多いです。なかには、うちの畑を卒業して、家庭菜園を始めた人もいます。トラクターの扱い方を教えた自動車部品メーカーの技術者がいるのですが、退職されて、この春、和歌山で農家になりました。畑に来た人の人生を変えてしまうこともあるので、強い責任を感じています」

約20種類のイタリア野菜を栽培する

飯田さんが野菜作りを始めたのは1993年。鎌倉野菜という言葉が誕生するずっと以前だ。

当時の飯田さんは、鎌倉市内にある別のイタリアンレストランで支配人兼ソムリエだった。他店との差別化を図るため、10坪の畑でハーブを作ることにしたという。いまの畑を借り、試行錯誤を繰り返しながら、野菜を育ててきた。

その後2010年に独立し、オステリア ジョイアを開業。支配人時代から借りていた畑で、野菜の無農薬栽培を続けている。

2007年に、支配人時代の飯田さんを取材したことがある。地下足袋姿も、軽トラックを愛用しているところも、農薬の代わりにフェロモントラップ（雌の匂いで

この日は永藤求さん（中央）と佐藤千熙さん（右）が畑仕事を手伝いに来た。レモンバーベナ（ハーブの一種）の世話をした後、アヤメユキカブを収穫。

種）を使っているところも、昔のままだ。剪定材を発酵させた堆肥に、養豚場でもらってくる豚糞を加え、1年半発酵させた肥料を愛用しているところも昔と同じだ。

支配人時代とどこがどう違うのか。飯田さんに尋ねた。

「支配人をしていた店は座席数が60席で、料理人もホール係もたくさんいました。いまは20席で、私と妻の正子《せいこ》と佐藤シェフの3人だけで営業しています。座席数が3分の1になったので自分で接客できるし、料理に使用する自家製野菜の説明もきちんとさせていただけるようになりました」

スタッフが減り、仕事が増えたため午後は畑へ行けなくなったが、その分野菜の魅力を自分の言葉で伝えられる。おかげで野菜好きの客が増え、畑に足を運んでくれる人も多くなったそうだ。

しかし、畑仕事は地味な作業の連続である。野菜に興味があっても、なかなか長続きしない人もいる。そういう人には、なぜ空豆の苗は60cm間隔で植えているのか、なぜエンドウ豆は40cm以上あけて苗を植えるのか、きちんと説明する。野菜作りの理屈やノウハウがわかると、単調な畑仕事が俄然面白くなってくるという。

「参加型のお客様が増えたおかげで、天気が悪い日が続くと、『畑は大丈夫ですか』『雪の影響はないですか』といったメールが届くようになりました。以前にはなかった現象です」

自家菜園で育てた野菜をどんな料理に使うのかは、佐藤健一シェフに一任している。20年近いつき合いなので、シェフの料理をよく理解しているからだ。ただし、どんな野菜を育てるのかはふたりで相談して決めている。

朝採れ野菜をその日に料理するので、鮮度のいいものを食べられる。初夏から夏はトマト（5品種）やナス（4品種）、ジャガイモ（5品種）などを収穫する。

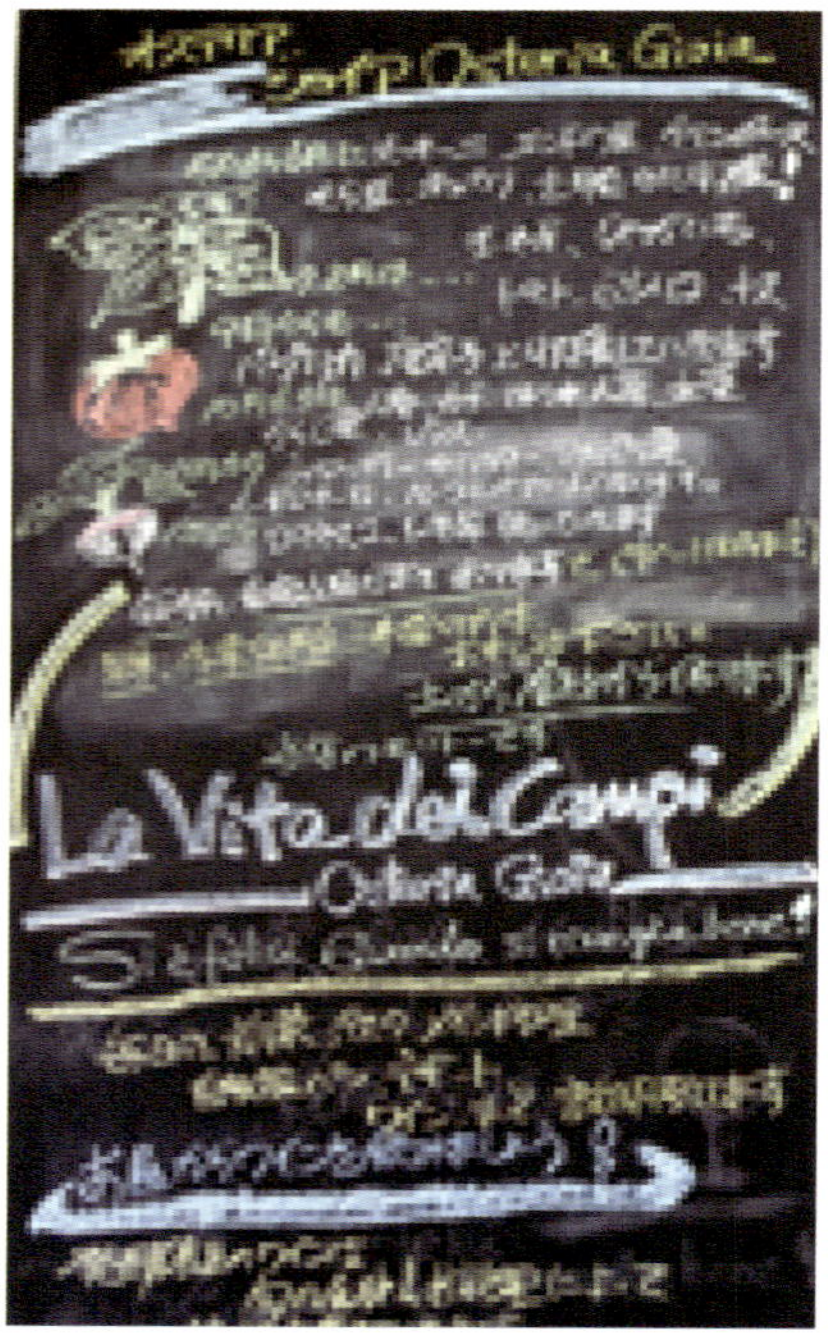

いつごろどんな野菜が採れるのかが、店内の黒板に書かれている。イラストも含め、ソムリエ兼農夫の飯田さんの手書き。これを見て畑に行きたくなる人も多いという。

佐藤シェフは、日本では入手しにくいイタリア野菜を望んでいる。反対に、和の野菜は使い勝手が悪いので作らない。片や、オーナーとして絶対に作りたくない野菜がある。アスパラガスとセロリだ。

「作るだけなら簡単です。でも、アスパラガスは、鎌倉のような寒暖の差が少ない場所ではおいしいものができません。また、おいしいだしが取れるセロリを育てるためにはビニールハウスを設け、陽に当てないようにしなければなりません。でも、ビニールハウスが嫌いなので、セロリは作りません」

栽培する野菜は年間約40種類。その約半分がイタリア野菜だ。ズッキーニ、アーティチョーク、アクアドルチェ(イタリア種の空豆)、カーボロネロなどのほか、ハーブも多い。

同じ野菜でも収穫時期で調理法を変える

イタリアレストランに自家菜園

手前が日本種の空豆、次列がアクアドルチェ。飯田さんの後ろに見えるのがアーティーチョーク。いずれも５月下旬ごろから収穫する。

があるということは、料理人にとってどんな意味があるのか。佐藤シェフに尋ねた。

「新鮮な野菜を使えるのが最大の魅力です。しかも、それをどう活かすか自分で考えなければならないので、やりがいもあります。たとえば、同じ野菜でもはしりの時期と旬の終わりでは調理法を変えています。アクアドルチェなら、5月下旬から6月上旬のはしりは、ペコリーノ（羊乳で作ったチーズ）と一緒に生で食べていただくのがいちばんです。旬の最後のころは、加熱してパスタソースにすることもあります」

野菜の収穫量には波がある。同じ野菜が大量に採れたときは知り合いの店にあげることもあるが、できるだけ店で使い切るように心がけている。

「バジリコがドサッと採れたら、野菜としてサラダに盛ります。そんなぜいたくな使い方ができるのも私の特権です。反対に収穫がないとき、たとえば、葉菜類の収穫が減る夏は、グリーンサラダを出さないこともあります」（佐藤シェフ）

ビニールハウスを利用すれば、一年中同じ野菜を作ることができるかもしれない。だが、「健康でいるには季節のものを食べるのがいちばん」と考える飯田さんは、当初から露地栽培を続けてきた。

「うちの野菜は、売るために育てている農家のものとは違います。野菜が小さいうちから大きいサイズになるまで、料理に合わせて使えるところが、畑があるレストランの強みです。野菜がしっかりと根を張るように、できるかぎり肥料はあげません。それによって、それぞれの野菜特有の個性が出て、よりおいしくなります」

リストランテではなく、オステ

カーボロネロのブカティーニ。中心が空洞になっている太麺のブカティーニと、一度塩ゆでにし、きざんだカーボロネロをあえたパスタ。仕上げにパルミジャーノ・レッジャーノ・チーズを加えて、コクのある味に仕上げてある。

リア（居酒屋）を始めたのは、畑で採れた旬の野菜を使った料理をワインと一緒に気軽に味わってほしいという思いがあったからだ。ネットで知って、野菜料理店と勘違いして来店する人もいる。だが、オーナーもシェフも、決して野菜料理を提供しているわけではない。野菜が中心となり、ワインと合わせてくれる料理を食べてほしいと願っているのである。

飯田さんは、イタリアンレストランを含め、野菜を少量しか盛らない飲食店が多いと指摘する。

「野菜は料理の飾り物ではありません。うちでは肉や魚と同じぐらい大量に盛ります。サラダを食べながら肉や魚を食べていただくと、野菜で口のなかをマスキングできるので、お腹がいっぱいでも料理をおいしく召し上がっていただけると思います」

この日のランチに登場した前菜のクロスティーニ（サバのパテ）にも、メインのメカジキの香草パン粉ソテーにも、午前中に収穫したルッコラなどで作ったサラダがたっぷりと盛られていた。

肉や魚が皿という舞台の主役であるならば、野菜は脇役である。けれど、ジョイアの場合、野菜が主役の向こうを張るぐらい存在も味も彩りも際立っている。どの野菜も、アカデミー助演賞を受賞する資格があるといっても過言ではない。

夏はどんなアカデミー助演賞の野菜と出会えるのかと期待しつつ、2013年7月上旬に再訪した。店に入ると、収穫したばかりのジャガイモ、タマネギ、ナス、バナナピーマン、トマトなどがカゴに入れられたまま、出迎えてくれた。

初夏であれば、アクアドルチェと日本種の空豆の食べ比べができたり、高さ170cmほどに育った

店主に教わった絶品メニュー

緑の野菜クリームスパゲッティ

夏の味覚を愉しむためのイタリアン

【2人分】

① フライパンにオリーブオイル（大さじ2）を入れ、タマネギ（中1/4個。みじん切り）を弱火で炒めた後、新ジャガ（小1/2個。1cmの角切り）を入れ、ジャガイモが被るぐらいの水とコンソメの素（少々）を入れて、ふたをする。
② ジャガイモが軟らかくなったら、空豆（9本。サヤからはずし、皮をむく）、エンドウ豆（22本。サヤからはずす）、ズッキーニ（1/4本。5mm幅のいちょう切り）を入れ、軟らかくなるまで弱火で煮る。
③ ②に生クリーム（150cc）を入れ、ひと煮立ちさせ、塩とコショウ（ともに少々）で味を整える。
④ ③の煮汁と1/4量の具材をミキサーにかけてピューレ状にしてから、フライパンに戻す。
⑤ 別の鍋でスパゲッティ（140g。ショートパスタでも可）をゆでる。
⑥ スパゲッティがゆで上がる直前に④にバター（5g）を入れて溶かし、アルデンテにゆでたスパゲッティを和える。
⑦ 塩分を確認しながら、スパゲッティのゆで汁か水でソースの濃度を調節する。好みでパルミジャーノ・レッジャーノ・チーズをかければ完成。

店ではワインの相談も野菜作りの質問にも気軽に応じてくれるソムリエに変身。自家製野菜の繊細な味わいが愉しめるワインを 常時200種類用意している。

アーティチョークの蒸し料理が登場する日もある。残念ながら、この日は空豆もアーティチョークもなかったが、トマトのパスタを食べることができた。黄色と赤のアイコ、パッキーノ、サンマルツァーノ、桃太郎を使ったスパゲッティ・カレッティエーラだ。

「このパスタは唐辛子とトマトを煮込んだ辛口が一般的ですが、うちのは佐藤シェフが修業したシチリア・スタイルなので、フレッシュトマトとバジルで仕上げてあります」

秋には秋の、冬には冬の、春には春の自家製野菜を使ったイタリア料理を、ワインと一緒に愉しませてくれる。オーナーとシェフがタッグを組んだ情熱のイタリア料理に、誰もが魅了されるはずだ。

オステリア ジョイア

〒 248-0014　神奈川県鎌倉市由比ヶ浜 2-3-4　C.Christi ビル 2F
TEL：0467-24-6623
JR 横須賀線鎌倉駅東口徒歩 7 分
営業時間：昼 12：00〜14：30LO、夜 18：00〜21：30LO
コースは昼 1900円〜、夜 5300円〜（ともに税込で、要予約）。
ワインはグラス 700円〜、デカンタ 2500円〜、ボトル 3800円〜。
定休日：水曜（祝日の場合翌日）、第３火曜

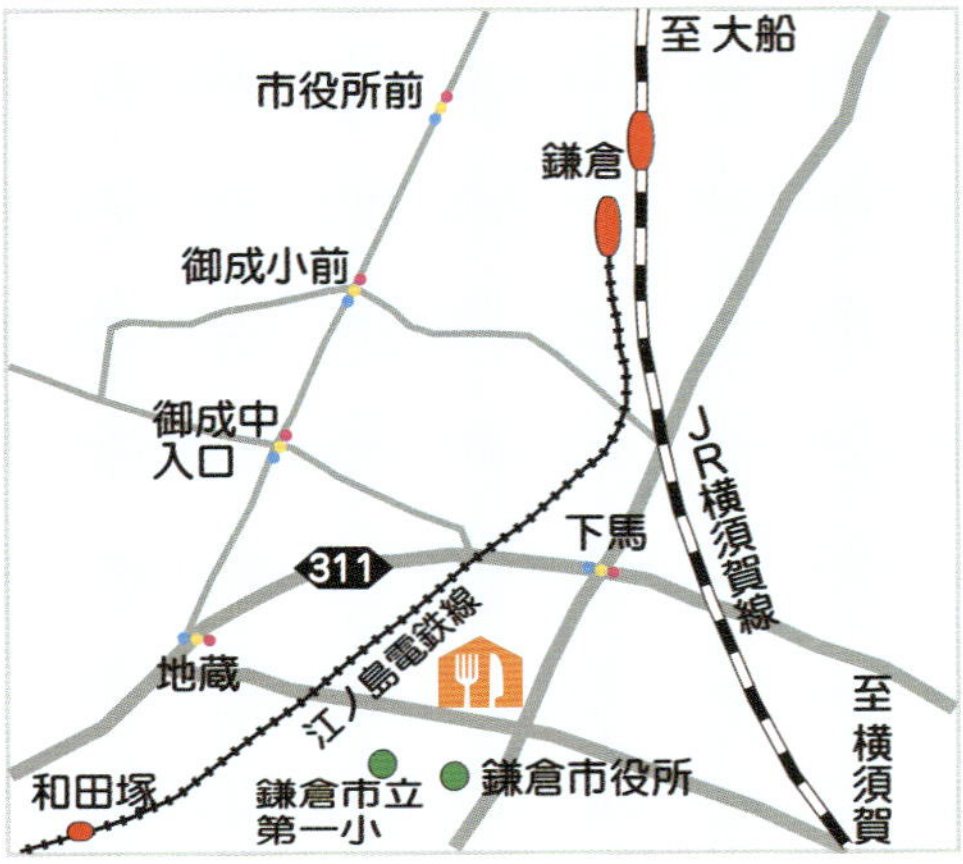

いしい農園カレー。フレッシュな野菜とグリルした野菜が、自家製ルーで作ったカレーの上にてんこ盛りになっている。ピクルスも自家製。

スイスの有機農家での経験を活かして野菜の直売とカフェを展開

Garten Cafe ぶ楽《ら》り　千葉県市川市

首都圏のベッドタウンとして知られる千葉県市川市。
この地に江戸時代から続く農家の14代目が始めた喫茶店がある。
辺鄙な場所にあるにもかかわらず、わざわざ食べにくる人が後を絶たない。
メニューを見ると、よくある喫茶店の料理なのだが、食べればその違いがわかる。
自家菜園で栽培したトマトや四季折々の野菜をたっぷりと使った
カレー、ピザ、パスタ、サンドウィッチが人気の的。
ここにしかない喫茶店の料理を堪能させてくれる。

スイスで学んだ有機無農薬栽培を市川で実践する

千葉県市川市国分《こくぶん》。閑静な住宅街にログハウス造りの喫茶店がある。トマト農家のいしい農園が営む「Ｇａｒｔｅｎ Ｃａｆｅぶ楽り」だ。

季節の野菜を使ったカレーがうまいと聞きつけ、６月下旬訪ねることにした。木々やハーブに囲まれたテラスを抜け、店内に入ると、真っ赤に熟したトマトとミニトマトが出迎えてくれた。

「このトマトは主人が育てたものです。店で販売もしているし、料理にも使っています」

と語るのは、いしい農園の奥さんで料理長の石井久美子さん（１９７４年生まれ）である。

さっそく、お目当てのカレーを頼んだ。トマト、ミニトマト、ズッキーニ、ナス、ピーマン、リーフレタスなど、グリルした野菜と生野菜がカレーの上にたっぷりと盛られている。

野菜を煮込んだカレーなら筆者もよく作る。だが、この店のカレーは、野菜を煮込むのではなく、それぞれの風味を味わえるように配慮されていた。

カレーを頬張っていると、野菜がてんこ盛りになった皿が隣のテーブルに運ばれてきた。赤、緑、黄色……。色鮮やかなサラダに惹かれ、同じものを頼んだが、サラダではなかった。トマト、リーフレタス、キュウリなどの生野菜がこんもりと盛りつけられた、いしい農園オリジナルピザだった。

久美子さんによれば、この季節はトマトの隣でナスやバナナピーマンなどの夏野菜も育てているという。リーフレタスやズッキーニなどは、ご主人の両親が八ヶ岳に

３月に苗を植えたこのビニールハウス（約260坪）で５月から８月ごろまでトマトを育て、その脇でナスやピーマンなども作っている。冬は葉物類やカリフラワー、芽キャベツなどを栽培する。トマト以外はすべて無農薬だ。

ある農園で無農薬（一部減農薬）で作ったものだ。この時期は厨房にいろいろな野菜があるので、カレーやピザについあれもこれものせてしまうそうだ。

　久美子さんに、夏限定のトマトジュースをすすめられた。トマト農家が作るトマトジュースはどんな味なのか、迷わずに頼んだ。これまでいろいろなトマトジュースを飲んできたが、久美子さんの作品はコクと深みと甘みだけでなく、トマトそのものに力があった。

　材料は完熟した桃太郎と王様トマトのみ。塩も砂糖も入れていない。トマトだけで作るジュースがなぜ、これほど甘いのか。レシピに秘密がある。

　搾るだけだと、水っぽくなる。ヘタを取り除いたトマトを水と一緒に中火で1時間煮詰め、余分な水分を蒸発させるのだ。冷えたらミキサーにかけて濾す。それによって、トマトソース感覚の、甘くて濃厚なトマトジュースに仕上がるのだそうだ。

「トマトジュースもピザもカレーも、平均的な喫茶店のメニューです。でも、色とりどりの野菜をふんだんに使うことで、ここは野菜がたくさん食べられる店だと認識してもらえるようになりました」

　店を始めることを提案したのは、江戸時代から続く農家の14代目で、ご主人の石井一平《いっぺい》さん（1974年生まれ）である。石井さんは、八ヶ岳中央農業実践大学校で2年間農業を学んだ後、スイスのベルン郊外のフォスター家で1

一平トマトのトマトジュースは夏限定販売。

緑に囲まれた気持ちのよい店で、食事が愉しめる。天気がよい日はテラスでの食事がおすすめ。いしい農園産の野菜や、石井さんの両親が八ヶ岳の農園で栽培した野菜を販売している。

年間、農業研修を受けた。

「名目上は研修でしたが、家族経営の農家だったので、労働力を提供させていただきました。本当はアメリカへ行きたかったんですが、うちのような狭い畑ではアメリカ式の大規模農業を真似できません。スイスを選んだのは、有機無農薬栽培が盛んだったヨーロッパのなかで、スイスがもっとも最先端だと農業実践大学校で習ったからです」

アーティチョークやリーフレタス、ズッキーニなどを作っていたフォスター家では、さまざまな工夫で有機無農薬栽培を実践していた。

甘くて濃厚な完熟トマトを収穫する

帰国後、先祖代々受け継がれてきた畑で野菜の露地栽培を始めた。スイスでの経験を活かし、トレビス、ズッキーニ、フェルトザラート（和名ノヂシャ）、サボイキャベツ（チリメンキャベツ）など、珍しい西洋野菜を有機無農薬栽培することにした。

肥料は、大井競馬場（東京都品川区）で買ってきた馬糞を畑で寝かせた堆肥を使った。

その後、現在店舗がある近くに小さなログハウスを建て、採れたての西洋野菜を売りはじめた。

「安心安全を謳った野菜でしたが、まったく売れませんでした。いまでこそズッキーニはどう食べるとおいしいのか知られています。ところが、まだ認知されていない西洋野菜は、誰も見向きもしてくれませんでした」

さらに、追い打ちをかける出来事が起こった。畑の周辺に戸建住宅やマンションが増えていったの

店は久美子さんとホール担当の女性ふたりで切り盛りしている。席数が少ないので、週末は並ぶことも多々あるという。「主人が丹精込めて育てた野菜をお客様が喜んで食べてくれます。その嬉しそうな姿を見るのが私の喜びであり、エネルギーでもあります」と久美子さん。

だ。もはや馬糞を寝かせられる環境ではなかった。畑で砂ぼこりが立とうものなら、クレームが出る可能性も出てきた。

露地栽培は限界だと思いはじめた1997年ごろ、トマトを作らないかと誘われた。食べ慣れたトマトだったら買ってもらえるはずだ。けれど、学生時代はトマトを専攻しなかったので、栽培方法がわからない。船橋市内のトマト農家に2カ月間通い、育て方を教えてもらった。

その後、借金してビニールハウスを1棟建て、トマト作りを始める。環境の変化に伴い、市販の有機栽培用肥料を使うことにした。

「一般的には熟す前のトマトが流通しているのですが、うちでは完熟してから収穫するので、味が濃くておいしいんです。知り合いのケーキ屋さんや喫茶店などで販売していただけたこともあり、売り上げが増えていきました。おかげで徐々にトマトに特化していくことができました」

トマト農家に変貌した石井さんに、さらに人生のターニングポイントが訪れる。翌年の喫茶店の開業である。

以前から、現在は八ヶ岳で農園を営む母が、敷地内にあったビニールハウスで、ハーブティーやカレーを提供していた。辺鄙な場所だったにもかかわらず、常連客が多かったことから、ログハウスを建てて、Garten Cafe ぶ楽りをオープンしたのだ。

開業にあたり、久美子さんは、トマトを売ってもらっていた隣町の喫茶店に1年通い、店のオペレーションやコーヒーのいれ方を教えてもらった。ただし、当初は料理にトマトを使わなかった。生産量が少なく、使いたくても使えなかったのだ。

取材した６月下旬は、王様トマト、ゼブラ、シンディ、トスカーナバイオレットなどのトマトのほか、ピーマン、バナナピーマン、ナスなどを収穫した。

３年後の２００１年に、ビニールハウスを増設。収穫量が徐々に増えていき、近所に配っても余るようになった。

「店でトマトを出すようになったのは、２００６年ごろからだと思います。形が悪かったり、売り物にならないトマトや売れ残りを捨ててしまうのはもったいないと思っていたので、妻に頼んで店で使ってもらうことにしました」

ビニールハウスを増やしたころ、トマトの脇でナスやピーマンなどの夏野菜を作りはじめた。トマトの収穫が終わる10月から3月までは、白菜や小松菜、リーフレタス、ブロッコリー、カリフラワー、大根、芽キャベツなどを育てている。

スイスで学んだ西洋野菜の有機無農薬栽培を始めたものの、すぐに挫折。経営を考え、トマトに特化していったいしい農園だったが、再び西洋野菜も育てることにしたのである。

理想の農業は小規模な畑の家族経営

有機無農薬栽培に興味をもったのは、身体にいいだけでなく、無駄な経費がかからないという経済的な理由もあった。

「ところが、トマトに関しては、高温多湿の日本では無農薬栽培が難しいことを痛感させられました。一般的なトマト農家は苗を35cm間隔で植えます。うちでは風通しを考え、50cm間隔で育てていますが、それでも気温や湿度の変化に弱いトマトは病気にかかりやすいんです。トマト以外の野菜は有機無農薬栽培を続けていますが、トマトだけは1度か2度農薬をかけています」

焼いたピザ生地に旬の生野菜をふんだんに盛りつけた、いしい農園オリジナルピザ。一般的なピザとは一線を画し、サラダ感覚で食べられる。

研修先のフォスター家から学んだことは、有機無農薬栽培だけではない。

ひとつは野菜の販売ルートの多様化。フォスター家では直売だけでなく、市場に出荷したり、レストランやスーパーにも卸していた。いしい農園でも直売のほか、冬に収穫する野菜をホテルなどに卸している。

もうひとつは家族経営。フォスター家の奥さんは直売店で野菜の販売を担当し、農作業にはほとんど従事しなかった。その代わり、男女4人の子ども（当時、中学生2人と小学生2人）が農作業を手伝っていた。

石井家の場合も、久美子さんは野菜作りには参加しない。料理を作るかたわら、店内で野菜を直売したり、収穫を手伝う。そして、中3と中1の娘は、ふたりとも大のトマト好き。両親が夜自宅でトマトを袋詰めしていると、手伝ってくれる。

「上の娘が6年生のころ、『トマトを食べてもいい？』と聞かれたので、『だったら袋詰めを手伝ってよ』と頼んで以来、進んでしてくれるようになりました。20年前のフォスター家に、やっと追いつくことができました。農業は健康でないとできませんが、がむしゃらにやっても長続きしません。淡々と、細く長く続けるしかないんです」

最後に今後、この喫茶店をどうしていこうと思っているのか、石井さんに尋ねた。

「最近ワンプレートランチが流行っていますが、うちでお洒落な食事を出しても仕方ありません。このメニューで15年やってこられたのだから、このまま続けるべきだと思っています」

ピザ、カレー、トーストサンド

店主に教わった絶品メニュー

トマトのアイスクリーム

トマトの風味たっぷりの夏のご馳走

【2人分】

① 完熟トマト（200g）は湯むきをしておく。
② トマトを横半分に切り、種を取り除き、粗くきざむ。
③ ②、グラニュー糖（40g）、レモン汁（大さじ1～1/2）を鍋に入れ、弱火にかけ、ふたをする。
④ 沸騰したら、アクを取り除き、中火から強火で煮詰め、好みの硬さのジャムに仕上げる。
⑤ 室温に戻したバニラアイスクリーム（1000ml）に④を混ぜ込む。
⑥ きざんだトマト（適量）を入れたら、容器に移し、冷凍庫で固めれば完成。

ウィッチなど、料理名だけを見ると、どこの喫茶店にもある、ありふれたメニューのように思える。しかし、自家菜園で採れた新鮮な野菜をふんだんに使った料理は、ふつうの喫茶店やレストランではまず期待できない。

お馴染みの料理に、四季折々の野菜がたっぷりと盛りつけられているからこそ、誰もが笑顔で喜んで食べてくれる。

そういう意味で、石井さんが愛情を込めて育てた野菜を使った久美子さんの料理は、よそでは食べられない、指折りの喫茶店メニューといえるだろう。

夕方、石井一平さんと久美子さんがトマトやそのほかの野菜を収穫する。
自宅の作業部屋に持ち帰り、家族４人でトマトを袋詰めにする。

Garten Cafe ぶ楽り

〒272-0834　千葉県市川市国分 4-3-23
TEL：047-375-4187
北総鉄道北総線矢切《やぎり》駅徒歩 15 分
営業時間：10：30～17：00（６～８月は収穫で多忙のため 16：00 まで）
自家製野菜を使ったピザ、カレー、サンドウィッチ、パスタなどの料理が1000円ほどで愉しめる。平日のランチタイム限定だが、お得なドリンクセットもある。
定休日：火曜

ムングダルというインドの豆を使った
南インドの定番料理サンバル。

おいしい野菜と水で作る
里山で味わうインド料理

プラシャンティ　広島県府中市

「自分で育てた無農薬野菜を使ったインド料理を食べてほしい」

その思いが募り、田舎暮らしを選び、16年間無人だった家を購入。

藪になっていた畑を耕し、裏山を開墾して畑を作った。

決して広い畑ではないが、わざわざ食べに来てくれる客のために、
自家製堆肥で野菜を育てている。自慢の野菜とインド産スパイスで作る料理を、
井戸水と地下水がよりおいしくしてくれる。

「安心で安全な野菜とおいしい水があれば、化学的な調味料はいっさい不要」

と言い切るシェフが営むインド料理店へ招待する。

インド各地を放浪し庶民に愛されてきた大衆食堂の味を探求

幕府の天領だった広島県府中市上下《じょうげ》町。かつては、山陰と山陽を結ぶ石州《せきしゅう》街道の宿場町としてにぎわっていたという。

いまも白壁やなまこ壁が残る懐かしい風情の町並みを離れ、車で20分ほど走った里山に、一軒家レストランがある。天保9年（1838年）建造の古民家を利用したインド料理店「プラシャンティ」だ。

オーナーシェフを務める辻寛さん（1948年生まれ）は、チキンマサラやキーマカリー、タンドリーチキンといったインド料理も得意としている。だが、野菜を使ったカリーを注文しなければ、わざわざここまで足を運んだ価値がないと断言できる。

季節の野菜をふんだんに使ったベジタブルカリー。旬の野菜とインドの豆で作ったサンバル。ナスを使った北インド料理のナスサブジ。ひと口食べた瞬間、清らかで芳しいスパイスの香りが鼻腔をつきぬけた。辻さんのカリーは筆者が作るカレーとも、これまで都内のインド料理店で出会ったカレーとも違っていた。野菜がじんわりと甘いのである。

「うちの野菜には力があると思います。大量に使うタマネギは不足分を買ってきますが、それ以外の野菜はすべて家内とふたりで無農薬で育てているんです」

堆肥も手作り。落ち葉や残飯、野菜の根っこ、町内の酪農家からもらってくる牛糞などを3年寝かせて発酵させた堆肥で、野菜を栽培している。

辻さんと妻の博子さんが世話をする畑は、お世辞にも広いとはい

里山ならではの風景を愛でることができるサンデッキ。天気のよい日はパラソルの下でカリーを頬張るのも気持ちがいい。日当たりがよかったことからこの家を購入。

えない。店舗の真下にある畑と、裏庭に続く斜面を利用した畑の、計50坪ほどしかないのだ。しかし、わざわざ来てくれる人のために夫婦ふたりで心を込めて野菜を育てるには、ちょうどいい広さなのかもしれない。この規模だからこそ、じっくりと野菜と向き合うことができる。

里山にあるこの店の料理が、よそのインド料理店と違うところは、もうひとつある。

「井戸水と、地下110mから汲み上げている地下水を料理に使っています。併用することで水枯れを防ぐ意味もあるんですが、個人的には山のミネラルを含んでいそうな井戸水のほうが好きです」

インド料理は辛いというイメージがある。実際、辻さんは舌はもちろん、足が震えるぐらい辛いカリーをインドで何度も食べてきた。

若いころからインドにとり憑かれていた辻さんは、北インド、南インドを含め、これまで7回渡航している。

目指してきた料理は、インドの庶民に愛されてきた大衆食堂の味だ。インドを放浪し、そうした味を探し回ってきた。気に入った料理と出会うと、頼み込んで厨房を見学させてもらったという。

店舗に飾ってあるインドの神様。左からラクシュミー女神、ジャガンナート神（ヴィシュヌ神）の化身、ガネーシャ神。

左手が母屋（1853年建造）で、正面が店舗（1838年建造）。修理の大半を辻さん自身が行った。店が狭く、広々とした空間が欲しかったことから、サンデッキを増設。

インド料理を舌と目で覚えた辻さんのカリーは決して辛くない。というよりも、水のように自然と身体に入ってくる。〝水っぽい料理〟という意味ではない。人間にとって不可欠な水のように、自家栽培の野菜と、複数のスパイスを調合して作った辻さんのカリーは、身体にしみ通るようにじんわりと浸透してくる。

筆者はプラシャンティで二度食事をしているが、そのたびに感じたことがある。辻さんが作るカリーは、野菜が甘いだけでなく、優しい味がする。もちろん店から望む、のんびりとした里山の風景も加味しているはずだが、都内の専門店で食べるインド料理とは次元がまったく違うのだ。

「うちのカリーには、まろやかな井戸水と地下水が活かされているのだと思います。おいしい水と安心で安全なおいしい野菜があれば調理も楽です。料理にとって水が命。化学的な調味料を使う必要はまったくありません」

元気な野菜を使ったカリーを食べてもらうそれが長年の夢だった

プラシャンティは、辻さんが初めて開業した店ではない。

30歳だった1978年、自宅があった広島県福山市内にインド料理専門店を構えた。10年後には田舎で野菜を作る予定だったが、子どもの教育や経済的な理由もあり、青写真どおりにはいかなかった。ようやく精神的にも経済的にも余裕ができた43歳で、物件探しを始めた。

「じつをいうと、海の近くに住むのが僕の長年の夢でした。広島や岡山の海沿いに住めたらいいなあと、漠然と考えていました。い

取材にうかがった12月中旬、大根や白菜、ホウレン草、キャベツなどを収穫した。トウガラシは何種類も育てている。

ろいろな物件を見て回ったのですが、海沿いは意外と中古物件が少ないんです。あったとしても狭い割に高価で、畑のない家ばかりでした」

山間部も含め5年ほどあちこちで下見したが、「これは」と惹かれるような家と出会うことはなかった。最後に足を運んだのが、嘉永6年（1853年）建造の母屋と、離れがあるこの家だった。

「この家のことは以前から知っていました。ただ、雪が多く、寒い場所だったこともあり、私も家内もずっと敬遠していたんです」

筆者が初めてプラシャンティへ行ったのは2月か3月だった。広島空港で借りたレンタカーで向かったのだが、里山にはタイヤが半分埋まるぐらい雪が積もっていた。温暖な福山市内に住んでいたふたりがここを敬遠していたとしても不思議ではない。

物件探しをしているとき、少しだけ心を動かされた家が岡山の山中にあった。日が当たらず1日中暗かったその家と比べると、ここは日当たりが良好で、見晴らしもよい。

「ここだったら母屋で生活し、離れで営業できるなあと思ったのが、この家を選んだ理由のひとつです。家の後ろは檜林と雑木林で、民家はありません。地下水と井戸水を確保できることも、大きな決め手になりました」

当時中学2年生だった長女の日《に》穂《ほ》子《こ》さんも、田舎暮らしに賛成だった。長年野菜作りをしたがっていた父の気持ちを理解してくれていたのだ。

結局1998年、辻さんが50歳のとき、この家を購入した。

「16年ほど無人だったため、家はボロボロ、畑は藪になっていました。畑はもちろん、住める状態

（左）辻寛さんは、30〜40種類のインド産スパイスを使い分けてカリーを作る。
（右）母屋の裏山を開墾して、新しく作った畑。野菜だけでなく、ルッコラやマロウなどのハーブも博子さんとふたりで栽培している。「ルッコラはおひたしにしてもおいしいんです」と辻さん。

にすることから手をつけなければなりませんでした」

最初の1年間は、定休日になると福山から1時間かけて車で通い、母屋と離れの修復に励んだ。

翌年は店を1年休業し、畑作りと堆肥作りに専念。裏の檜林を開墾し、畑を作った。藪と化していた畑の雑草は刈り取って燃やし、堆肥にした。

遠くから車で来てくれる人のためには駐車場が不可欠だ。辻さんは、ツルハシ1本で山の裾野を崩し、駐車スペースを確保した。

「福山の店ではハーブやシシトウ、鷹の爪を6つのプランターで育てていました。できるだけごみを出したくなかったので残飯で堆肥を作っていましたが、活用できず、長年歯がゆい思いをしてきました。自分で育てた新鮮で元気な野菜を使ったカリーを食べてもらいたい一心だったので、力仕事を大変だと思ったことは一度もありません」

購入して3年目、2000年の春、ジャガイモ、キュウリ、ナスなどの苗を植えた。16年も手つかずの畑だったが、意外にも土はよく肥えていたという。

天気がいい日は外でも食事ができるようにサンデッキを設置。それが完成した同年暮れ、インド語で「平和な場所」を意味する看板を掲げた。穏やかで心安らぐ店になることを願い、プラシャンティと命名した。

同年4月、日穂子さんは地元の高校に進学。慣れない土地で自転車通学を始めた。行きは長い下り坂なので15分。帰りはその4倍もかかる。雪が積もる冬は車で送迎してもらった。

家族みんなの協力もあり、辻さんは新天地で仕事に打ち込むことができたのだ。

(左) 季節の野菜をスパイシーに仕上げた、辻さんが得意とするベジタブルカリー。
(右) 乾燥させたインド産の豆も愛用している。

天日干しの野菜と生の野菜で深い甘みが出る

「福山時代のお客様がときどき食べに来てくれるんです。初めて来たとき、『味が変わったね』って言われました。僕の腕が進化しているのかもしれませんが、レシピもスパイスも以前とまったく同じなんです。ここの風景が料理をおいしくしてくれているのかもしれませんけど、やっぱり自家栽培で育てた採れたての野菜の力だと思います」

福山時代ともうひとつ変わったことがある。予約制にしたのだ。

「福山の店では、入店者数を予想して料理を作り置きしていました。しかし、それではせっかくのスパイスの香りが飛んでしまいます。お客様の来店時間に合わせて料理の準備を始めることで、作りたてを味わっていただくことにしました」

昼の予約が入っているときは、朝の7時ごろから野菜の収穫を始める。その野菜を煮たり炒めたものにスパイスを利かせたカリーを、昼に提供する。

２００９年からは野菜の天日干しを作りはじめた。大根、ピーマン、トマト、シシトウ、人参などをザルに広げて天日干しにするのである。

６月ごろからナスの収穫が始まる。採れたてのこの元気なナスが、ナスサブジに使われる。

店主に教わった絶品メニュー

ナスサブジ

ナスで作る北インドのドライなカリー

【２人分】

① 鍋にサラダ油、ブラックマスタードシード、鷹の爪、クミンシード（各適量）を入れて炒める。香りが出たら、きざんだタマネギ（1/2 個）を加える。

② タマネギが透明になったら、すりおろしたニンニクと生姜（ティースプーン半分ずつ）を加える。香りが出たところでトマト（1/4 個。きざんでおく）を入れる。

③ トマトが軟らかくなったら、ターメリックパウダー、コリアンダパウダー（各適量）、好みでチリパウダーを加える。塩少々を足す。

④ 全体が混ざったら、水にさらし水気を切ったナス（３本分）を炒める。ナスに火が通れば完成。仕上げにココナツファイン（ココナッツパウダーでも可）を加える。

「野菜は短時間太陽に当てるだけで甘みが増し、栄養分の含有率も高くなります。新鮮な野菜と天日干しの野菜を使うことで、カリーの甘みに深みが出るようになりました」（博子さん）

　プラシャンティの畑で採れる野菜は、初夏から秋までが種類がもっとも豊富になる。

「大地のエネルギーをもらい、おひさまの光を吸収した野菜には、力があります。ナス、ゴーヤ、ズッキーニ、トマト、枝豆……、夏に収穫した野菜で作ったカリーを食べてもらえれば、野菜のパワーをもっと感じていただけるはずです」

　大地と太陽の力をさずかった夏野菜を、まろやかな井戸水と地下水で調理したら、いったいどんなカリーが誕生するのか。

　ここの空気と土が育んだ野菜で作った辻さんのカリーを食べるためだけに、里山を訪れる価値が十分ある。よそのカリーとはひと味も違うはずだ。

「本当は海のそばに住んで畑を耕すのが長年の夢だったんですよ（笑）」

プラシャンティ

〒729-3405　広島県府中市上下町有福《ありふく》 2431
TEL：0847-62-2658
JR 福塩《ふくえん》線上下駅タクシー 10 分
営業時間：昼 11：30〜15：00、夜 16：00〜20：00 ごろ（要予約）
ベジタブルカリー 1260円、サンバル 1150円、ナスサブジ 1150円（以上すべて単品）。北インド料理のランチセット（カリー２品、白身魚のスパイス焼きなど８品。前日までに要予約。３名以上でナーンがつく）は 1890円〜（すべて税込）。
定休日：不定休

手作りの無農薬野菜を使った野菜ラーメン。野菜の種類が月ごとに変わるので、毎月違ったラーメンと出会える愉しみがある。

土から自作している
自家製野菜のラーメン店

一徹らーめん　兵庫県姫路市

この店の野菜ラーメンは、麺がまったく見えないぐらい野菜がてんこ盛り。
その野菜もサラダだったり、軽くゆでたものだったり、天ぷらだったりするのだが、
すべて主と妻が近くの畑で無農薬で育てたものだ。
「うちの野菜ラーメンは一期一会」と主が言うとおり、
露地栽培のため、野菜の種類が毎月変わる。
つまり毎月通えば、12種類の野菜ラーメンと出会える。
その評判を聞きつけ、全国のラーメン好きはもちろん、
海外からも客が押し寄せるようになった。

旬が盛られる野菜ラーメンは一期一会の味

野菜ラーメンというと、炒めた野菜を麺にのせた〝タンメン〟のような料理を思い浮かべる。

ところが、この店の野菜ラーメンはそうではない。筆者もそうだったが、初めて頼む人は、タンメンではない野菜ラーメンが目の前に置かれた瞬間、声にならない嘆声をもらすことになる。

スライスした生の人参や黒大根、タマネギ、ゆでた大根や海老芋、カリフラワー、カボチャといった四季折々の野菜が山盛りだ。しかも、その上にネギ坊主、ナス、コシアブラ(山菜の一種)、サツマイモなど、旬の食材を使った天ぷらが添えられているのが、「一徹らーめん」の野菜ラーメンなのである。

「うちの野菜ラーメンは毎月変わる、一期一会のラーメンなんですわ」

そう語るのは主の黒木隆信さん(1949年生まれ)である。

「6月は山で掘ってきた筍で作ったメンマが入っとるし、夏はトマトやキュウリ、ナスを使います。野菜の個性や食感を味わってもらいたいので、すべての素材の食べごろが一致するように調理しておるんですわ。生のほうがおいしいと思うものは生で出します。根菜類も皮をむかずスライスしただけやし、火を通さなければならないものはゆでます」

自家製チャーシューや味つき卵も添えられているが、麺を覆い隠してしまうぐらいたっぷりと盛られた旬の野菜が、この店の野菜ラーメンの主役だ。

「半年もかけて育てた野菜の持ち味を殺したくないんです。野菜

(左) 黄色い人参と黒大根は、ともにスライスした生のものを野菜ラーメンに盛りつける。
(右) 黒木隆信さんと妻の純子さんは、住宅に囲まれた3つの畑で野菜を無農薬栽培している。2月下旬、いちばん広いこの畑(約340坪)では、大根や人参、白菜などを育てていた。

を作っている人にしかわからん野菜に対する思いが、私にも女房にもあるんですわ。無農薬で栽培しているので、虫がついたキャベツなどは葉っぱをむしります。けど、虫がつかん野菜はそのまま使うてます」

1978年のオープン当初から、黒木さんは奥さんの純子さんとふたりで、店の近くに点在する畑（計660坪）で野菜を無農薬で育ててきた。

「畑はすべて住宅街の一画にあります。農薬を使う農家さんもいるので、隔離された住宅街にある畑のほうが無農薬栽培には適しておるんですわ。隣の畑で農薬を使われると、使わない畑に虫が寄ってきます」

二番目に大きな畑の隅には、カボチャやナスのつるなどが積まれていた。そのなかに木屑、雑草などを入れ、発酵を促すための鶏糞や油かすを少量混ぜて、堆肥にしている。

「鶏糞は兵庫県宍粟《しそう》市の養鶏農家から買うてきます。ここの鶏糞には臭いがまったくないんですわ。鶏に抗生物質などの薬剤をいっさい使うてません。地元産米で作った自家製の発酵飼料を与え、平飼いで大切に育てている元気な鶏の糞を使うてます」

畑の土に残飯や野菜屑、米糠などをそのまま混ぜ込んで作る堆肥もある。純子さんが持ち上げると、太くていかにも元気そうなミミズがもぞもぞと出てきた。

いちばん広い畑では、腐葉土を

約340坪の畑で発酵中の腐葉土。落ち葉を持ち上げると芳しい香りが鼻腔をくすぐった。

店からいちばん近い畑（約200坪）では、一徹らーめんのスープに欠かせないタマネギ5000～6000個を栽培している。

作っている真最中だった。材料は、秋に姫路城周辺から集めてきた落ち葉だ。

「焼却処分されるはずだった落ち葉を業者に頼み込んでもろうてきたんですわ。女房と軽トラックで5往復して集め、山のように積み上げました。それを踏みつけ、3分の1の高さにするまでに3日もかかりました。さすがにあのときはへとへとでしたわ」

黒木さんが落ち葉を手で掘ると、スパイス系のハーブのような芳しい香りが立ち上った。下のほうの落ち葉はすでに発酵しているらしく、かなり熱い。

野菜には自家製の堆肥を十分与えているが、水は撒かない。厳しく育てることで野菜は根を長く伸ばし、よりおいしくなる。野菜の生命力を黒木さんは信じている。

「なんでも与えすぎると、野菜は何もしなくてもいいと思うてしまいます。だから過保護にはなりません。子育てとまったく同じですわ」

自家製堆肥を収穫後の畝に撒き、小型トラクターで攪拌してから苗を植える。これが創業当初から続けてきた、黒木さん夫婦の野菜作りだ。

まっとうな料理を たくさんの人に 食べてほしい

姫路で暮らしはじめて40年以上。独立した息子も娘も市内に住んでいる。だが、黒木夫妻は姫路出身ではない。福岡県生まれの黒木さんは大分県日田市でバーテンダー見習い中だった21歳のとき、純子さん(日田市出身)と出会い、恋に落ちた。結婚を申し込んだが、純子さんの両親に反対された。医者だった父親はバーテンダ

(左) P96の畑ではキャベツも栽培中。キャベツや白菜を無農薬栽培すると、葉っぱが虫に食われてぼろぼろになる。黒木さんは虫避けのネットをかけることでかなりきれいなキャベツを育てていた。
(右) 11月に種を播いたエンドウ豆は、4月中旬から5月ごろまで収穫する。

ーとの結婚を認めなかった。

　ふたりは縁もゆかりもない姫路に駆け落ち。黒木さんは姫路にある高級クラブのマネージャーに就いた。ホステスや料理人をスカウトするのが仕事だ。

　二度目のターニングポイントは29歳のとき。姫路郊外にある、赤字続きの飲食店を経営することにした。住宅街の奥まった辺鄙な場所にあるため、５人も経営者が変わった、まったく流行らない店だった。

「住宅街の行き止まりの入口で、しかも方角も悪く、飲食店をやるには史上最悪な場所でしたわ」

　黒木さんは一考した。安全な野菜を使った、安心して食べられる料理を提供できれば、大勢の人が来てくれるはずだ。ごまかしではなく、本物の料理を食べたい人がいるはずだと。

「それには自分が丹精込めて作った野菜を使った料理を出すのがいちばんやと思いました」

　開業当初は居酒屋だった。中華そば風のラーメンが評判を呼び、その後レシピを徐々に変えていく。やがてラーメンに特化することに決め、一徹らーめんの暖簾を掲げた。

「ラーメンを選んだ理由は、金持ちでも食通の人でも誰でも食べられる料理だからです。ラーメン定食にはご飯や煮物、漬物がつきます。僕にとって、もっとも自分の料理を表現しやすいのがラーメンでした」

　料理人の道を選んだのは、食道楽だった祖父と父の影響が大きい。祖父は孫が子どものころから、野鳥や蛇にいたるまでいろいろなものを食べさせてきた。父の趣味は料理。自分で釣った魚や、無農薬で育てた野菜を使った料理を家族に喜んで食べてもらうのが、無

（左）約200坪の畑内（P96）にある納屋には、農機具や鶏糞などのほか、種採り用の野菜が保管されている。
（右）２月下旬の収穫物。季節柄、根菜類がメインだが、冬でも20種類以上の野菜を栽培している。

上の喜びだった。

店を始めるにあたり、父を見習い、野菜を作ることにしたという。

「クラブのマネージャーだったときに出会った料理人の影響も大きいと思いますわ。一流の料理人は化学調味料を使わないことを教えてもらいました。バーテンダー時代に覚えたカクテルも役に立っています。料理を考えたり、野菜を盛りつけるときに、カクテルのノウハウが活かされていると思います」

国内はもちろん 海外からの客も 来るようになった

初めてうかがった2008年は、水曜、木曜、月曜の昼が定休日だった。「休みが多くてゆっくりしている」とうらやましがる客もいた。だが、実際は、のんびりしているどころではない。定休日は、朝から暗くなるまでふたりで農作業を続けた。

営業日は、昼に使う野菜はその日の朝収穫する。夜食べてもらう野菜は昼の営業後に採ってくる。前日に収穫するよりも、採れたてのほうが、鮮度が高く、おいしいからだ。

スープやチャーシューなどの仕込みが終わるのは毎朝4時半。それから仮眠をし、昼の営業に備えるのが日課だった。

「自分たちですべてできるとは思うてません。でも、できるかぎりふたりでやりたいんですわ。自分の身体をいじめているつもりはありません。畑にいると自然や野菜のエネルギーがもらえるんです。畑で仕事しているときが、僕も女房もいちばん愉しいんですわ」

それにしてもなぜ、ここまでやらないと気がすまないのか。

一徹らーめんの主役たち。サラダ感覚で食べてほしい野菜は水に浸してある。ゆでる野菜はそれぞれ食べやすい大きさに切られ、奥のガスコンロで手際よく調理後、すべての野菜を麺が隠れるぐらいたっぷりと盛りつける。

「野菜作りは自分の表現なんですわ。自分に嘘をつきたくないし、ごまかしたくもない。ごまかすと、ごまかした味しか出えへん。自分自身にうしろめたい気持ちにだけはなりとうないんです。畑にない野菜は使わなければいい。どこかで買ってきてまで出す必要はあらへん。天候の関係でどうしても足りんときは、有機栽培をやっている仲間から分けてもらうこともあります。せやけど、僕と女房で我が子のように育てた野菜をお客さんに食べてもらいたいんですわ」

　店主の思いが伝わったのか、一徹らーめんはグルメサイトで常に高評価を得ている。以前は関西の客が主体だったが、近年は関東や東海、四国、九州のラーメン好きも押し寄せるようになった。

　そんな矢先。

　64歳になる3カ月前の2013年4月、夜の営業を止めた。暖簾を掲げるのは、週4日、昼の3時間だけにしたのである。

「年々ラーメンの完成度は少しずつ上がってきたと思うんやけど、60歳を過ぎたころから、僕も女房も体力が落ちてきたんですわ。今年の3月、ついに体力の限界を感じました。せっかく来てくださるお客さんの期待を裏切りたくないので、昼の3時間だけ集中することにしたんですわ」

　そのころから、外国人客が訪れるようになった。年明け、イギリスで出版された『WHERE CHEFS EAT』という本で「ＩＴＴＥＴＳＵ　ＲＡＭＥＮ」が紹介されたのだ。海外でもラーメンブームなのかどうか詳らかではないが、本の影響で海外からの客が増えはじめた。

「日本人かなと思って話しかけたら、カンボジアの人でした。欧米、オーストラリア、東南アジア

店主に教わった絶品メニュー

タマネギチャーハン

天日干しにしたタマネギとバターが隠し味

【1人分】

① ざく切りにしたタマネギを半日から1日天日干しにし、甘みを凝縮させる。
② フライパンにオリーブオイル（適量）を引き、鶏もも肉（50g）、①（20g）、人参（20g。軽くゆでておく）、刻んだチャーシュー（20g）を炒め、ルーを作る。とくに味つけはしない。このまま保存容器で冷凍できる。
③ フライパンにオリーブオイル（適量）を引き、強火にかける。溶き卵（1個分）を流し入れ、かき混ぜる。少し硬めに炊いたご飯（1膳分）を加え、水分を飛ばしながら炒める。
④ ②を加え、全体をあえながら炒め、黒コショウ、刻みネギ（適量）を入れる。
⑤ 仕上げに少量のバターを加え、醤油とごま油を回しかければ完成。

の人も来ますわ」

　昼の営業だけにしたことで仕込みの量が減り、深夜1時半に厨房を離れられるようになったものの、黒木さんの日課は以前とほとんど変わらない。定休日は夫婦ふたりで朝から暗くなるまで畑に立ち、野菜の世話をする。

　これまで多くの若者が黒木さんの薫陶を受けようと、一徹らーめんの門を叩いた。けれど、長続きした弟子はひとりもいない。料理だけでなく、畑の世話もしなければならず、すぐに挫折した。

　農業をしたかった者もいたが、畑作業が終わった後、日が暮れてから仕込みを続けられる精神力の持ち主は皆無だった……。だから、いまも恋女房と水入らずで店を切り盛りをしている。

　自分と料理に一途で、一徹な黒木さんが作る野菜ラーメンは、ラーメンの範疇を凌駕した、珠玉の一杯なのである。

「どこに出しても恥ずかしくない野菜をふたりで作っています。5月は山で採ってきた天然の山菜も使うた野菜ラーメンを食べてもらいたいわ」

一徹らーめん

〒670-0893　兵庫県姫路市北平野1-8-11
TEL：079-282-0208
JR山陽本線姫路駅タクシー20分、JR播但線野里《のざと》駅徒歩20分
営業時間：11：30～14：30LO
一徹らーめん950円、塩らーめん1050円、野菜らーめん1200円（すべて税別）。野菜らーめんは1日10食限定。開店前に並べば至福の一杯が食べられるかもしれない。
定休日：月～水曜

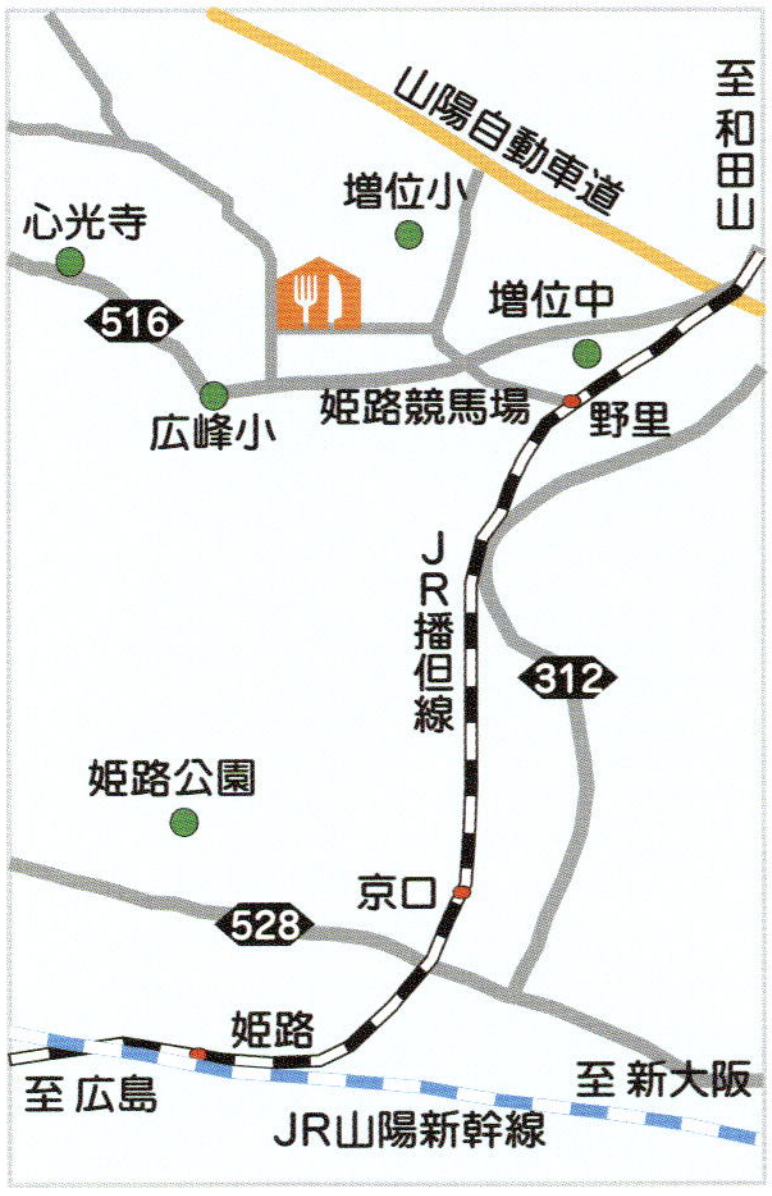

おわりに

本書は、ＮＨＫ出版の『ＮＨＫ趣味の園芸　やさいの時間』で1年間（隔月連載で6店舗紹介）、学研の『野菜だより』で2年間（隔月刊で12店舗紹介）、計18店舗を取り上げたなかから、12店舗について大幅に加筆・訂正したものである。

近年、都会で修業した料理人や開業していた人が、里山で農園レストランをオープンするケースが増えている。流行でもファッションでもなく、ひとりの人間の生き様として、ライフスタイルとして、自家菜園のあるレストランを営む料理人を取材したい。そんな思いもあり、紙媒体の雑誌で掲載を始める前、小学館が配信していたネット雑誌『ＳｏｏＫ』で、「自給自足レストラン」という連載を1年間担当させてもらい、養鶏家、養豚家、茶葉の生産農家が営む、さまざまなジャンルの飲食店を取材した。

その連載が終わってから数年後、自家菜園のあるレストランの紹介を『やさいの時間』に続き、『野菜だより』で連載させていただいた。

本書の巻頭に登場する日本料理川波は、『やさいの時間』で掲載するにあたり、二度取材した。ふつうは一度の取材で原稿を書くのだが、取材から執筆まで1年近くあいてしまい、感動も記憶もやや薄れていたからだ。主の奥田眞明さんにお願いして、再度畑を案内してもらうことにした。

奥田さんの軽トラックで畑へ向かう途中、彼の携帯が鳴った。ミシュランガイド事務局からだった。まるで保険の勧誘でも受けているかのように、奥田さんは平然と携帯を切った。自分が同じ立場だったら、畑仕事などほっぽり出し、躊躇なくミシュランの記念式典に出席するはずだ。なのに、断る人がいるとは……。

奥田さんという人物に驚くと同時に、自家菜園のあるレストランにミシュランが目をつけたことを、この連載をしている者として嬉しく思ったものだ。自家菜園のあるレストランがミシュランの星をもらったのは、おそらく川波が初めてだろう。再取材させてもらったおかげで、貴重な場面を目撃できた。

最後になるが『やさいの時間』の担当編集者だった山本耕平さんと、『野菜だより』の編集長であり、担当編集者だった椎原豊さんに、本書での再掲載を許可していただいたことを深く感謝します。多謝。

２０１４年　３月18日

中島　茂信

初出一覧と撮影者

日本料理 川波	『NHK 趣味の園芸 やさいの時間』2012 年 1 月号 撮影／合田愼二
茶懐石 昇月	『NHK 趣味の園芸 やさいの時間』2011 年 11 月号 撮影／藤田修平
野趣料理 諏訪野	『野菜だより』2013 年 1 月号 撮影／今清水隆宏
レストラン ロマラン	『NHK 趣味の園芸 やさいの時間』2012 年 3 月号 撮影／中川カンゴロー
アルブルヴェール	『野菜だより』2012 年 11 月号 撮影／今清水隆宏
フルール・ドゥ・ソレイユ	『野菜だより』2014 年 1 月号 撮影／海保竜平
レストラン土手	『NHK 趣味の園芸 やさいの時間』2011 年 9 月号 撮影／中川カンゴロー
ヴィラ・アイーダ	『野菜だより』2012 年 7 月号 撮影／合田愼二
オステリア ジョイア	『野菜だより』2013 年 7 月号 撮影／海保竜平
Garten Cafe ぶ楽り	『野菜だより』2013 年 9 月号 撮影／海保竜平
プラシャンティ	『NHK 趣味の園芸 やさいの時間』2011 年 7 月号 撮影／森寛一
一徹らーめん	『NHK 趣味の園芸 やさいの時間』2011 年 5 月号 撮影／合田愼二

〈著者紹介〉

中島茂信（なかじま・しげのぶ）

1960年東京都生まれ。

『サライ』『ラピタ』『ビーパル』『料理王国』『旅の手帖』『一個人』などの雑誌で、食に関連する記事を中心に執筆。ブログ「デブデブ食ッカー」(http://debudebu150kg.blog.so-net.ne.jp/)が好評。

主著＝『平翠軒のうまいもの帳——“食のパトロン”が作った素晴らしき“食べもの宝箱”へ』(えい出版、2005年)、『101 本の万年筆——すなみまさみちコレクションから』(阪急コミュニケーションズ、2006年)、『瞳さんと』(小学館、2007年)。

自家菜園のあるレストラン

2014 年 4 月 20 日・初版発行
著者●中島茂信

発行者●大江正章
発行所●コモンズ
東京都新宿区下落合 1-5-10-1002
TEL03-5386-6972 FAX03-5386-6945
振替 00110-5-400120
info@commonsonline.co.jp
http://www.commonsonline.co.jp/

印刷／東京創文社 製本／東京美術紙工
乱丁・落丁はお取り替えいたします。
ISBN 978-4-86187-111-5 C0076